Stefanie Weber

Der Bildungsroman im Zeitalter der Pop-Literatur

Christian Kracht und Wolfgang Herrndorf

Diplomica Verlag GmbH

Weber, Stefanie: Der Bildungsroman im Zeitalter der Pop-Literatur. Christian Kracht und Wolfgang Herrndorf, Hamburg, Diplomica Verlag GmbH 2016

Buch-ISBN: 978-3-95934-990-1
PDF-eBook-ISBN: 978-3-95934-490-6
Druck/Herstellung: Diplomica® Verlag GmbH, Hamburg, 2016
Covermotiv: © pixabay.de

Bibliografische Information der Deutschen Nationalbibliothek:
Die Deutsche Nationalbibliothek verzeichnet diese Publikation in der Deutschen
Nationalbibliografie; detaillierte bibliografische Daten sind im Internet über
http://dnb.d-nb.de abrufbar.

© Diplomica Verlag GmbH
Hermannstal 119k, 22119 Hamburg
http://www.diplomica-verlag.de, Hamburg 2016
Printed in Germany

Für meine Familie

Ich danke meinen Großeltern, dass sie immer für mich da sind.
Ich danke meinem Bruder, dass er mich aufmuntert und für Abwechslung
sorgt, wenn es notwendig ist.
Ich danke meinen Eltern, dass sie mich immer unterstützen und hinter mir
stehen; ich bin stolz, eure Tochter zu sein.
Danke Papa, für deinen Rat und besonders stolz bin ich auf meine Mutter,
die sich trotz aller Hindernisse nie beschwert oder den Mut verliert; du bist
mein Vorbild.
Danke auch an Micha-Egon, Tante Peti, Nicki und Philipp.

Und ein besonderer Dank an Sabrina für 10 tolle Jahre. Ich bin froh, dich
zu haben.

Inhaltsverzeichnis

1. Einleitung

Diese Arbeit widmet sich den Romanen *Faserland, 1979, In Plüschgewittern* und *Diesseits des Van-Allen-Gürtels* der beiden viel diskutierten Autoren Christian Kracht und Wolfgang Herrndorf. Hauptgegenstand der Untersuchung ist hierbei die Analyse popliterarischer Elemente und typischer Motiviken eines Bildungsromans in den oben genannten Werken. Im Zusammenhang der titelgebenden These *Der Bildungsroman im Zeitalter der Pop-Literatur* soll daher untersucht werden, inwieweit Kracht und Herrndorf als Autoren der Pop-Literatur gelten und ob ihre Werke ebenso als Bildungsromane klassifiziert werden können. Weiterhin sollen auch die typischen Herrndorf'schen und Kracht'schen Motiviken und Schreibstile an Hand der genannten Werke analysiert werden, wobei ein besonderes Augenmerk auf dem jeweiligen Sprachstil und der Erzähler-Instanz liegt.

Alles in allem soll diese Arbeit einen fundierten Diskurs ausgewählter Werke der deutschsprachigen Gegenwartsliteratur zweier der renommiertesten – und wohl auch provokantesten – Autoren unserer Zeit bieten.

Zu diesem Zweck ist im Folgenden zunächst eine konzise biographische Deskription der beiden Autoren gegeben. Das sich daran anschließende Kapitel thematisiert die Gattung des Bildungsromans und soll einen Überblick über die gattungsspezifischen Merkmale sowie eine grobe Definition (zumindest im Ansatz) derselbigen, auf die sich die weiteren Analysen im Verlauf der Arbeit stützen werden, bieten. Im Anschluss daran ist ebenfalls ein Einblick in das „Phänomen" der Pop-Literatur gegeben, wobei auch der Versuch unternommen wird, diesen recht diffusen (Vgl. Kapitel 3) und inhomogenen Begriff näher zu umreißen und zumindest grob einzugrenzen, um eine Analysegrundlage für die nachfolgenden Untersuchungen zu Grunde legen zu können.
Das sich daran anschließende vierte Kapitel bildet den Hauptteil der Arbeit und ist der Untersuchung typischer popliterarischer- und Elemente des Bildungsromans in den eingangs erwähnten Romanen Krachts und Herrndorfs gewidmet; u.a. findet sich hier eine Analyse der Motivik des Reisens und der Identitätssuche sowie auch den Motiviken Sex, Freundschaft, Adoleszenz und Party-Szenerie. Zu Beginn des Kapitels ist jedoch zunächst eine kurze Inhaltsangabe der vier Werke gegeben.

Das nachfolgende Kapitel ist der jeweiligen Sprache und dem typischen Stil Krachts und Herrndorfs dediziert, wobei ein besonderes Augenmerk auf der Erzähler-Instanz und sprachstilistischen Spezifika der beiden Autoren liegt.

Alles in Allem ist dabei jedoch zu beachten, dass eine Einordnung der beiden Autoren bzw. ihrer Werke hinsichtlich der übergeordneten Fragestellung auf Grund der uneinheitlichen Begriffsdefinitionen von *Bildungsroman* und *Pop-Literatur* – bzw. bereits schon *Pop* an sich (Vgl. Kapitel 3) – nur in gewisser Weise erfolgen und keineswegs als gemeingültig gelten kann.

In diesem Sinne soll die hier vorliegende Arbeit einen Einblick darüber geben, inwieweit die ausgewählten Werke Merkmale des Pop und des Bildungsromans aufweisen.

Christian Eduard Kracht, der v.a. für seinen als verstörend geltenden und exzessiv provokanten Stil bekannt ist (Vgl.: Poschardt 2009), wird am 29. Dezember 1966 im schweizerischen Saanen im Berner Oberland als Sohn von Uta und Christian Kracht, dem langjährigen Geschäftsführer und Redakteur im Axel Springer Verlag, geboren. Ab 1980 besucht er die Schule Schloss Salem in Deutschland, bis dahin wurde er überwiegend englisch- und französischsprachig sozialisiert.

Seine erste Veröffentlichung *Yellow Eddie* erscheint 1983 in *Guten Morgen. Journal für Kunst und Zuversicht*, zwei Jahre später macht er sein Abitur und beginnt ein Studium in den USA, welches er 1989 mit dem Bachelor of Arts beendet und woraufhin er eine Anstellung bei *Tempo* – welche 1995 (ein Jahr bevor das Magazin eingestellt wird) endet – erhält. Kurz darauf begibt sich Kracht auf Reisen und veröffentlicht in diesem Zusammenhang sowohl politische- als auch Reisereportagen.

1995 erscheint sein erster Roman *Faserland* und ein Jahr später beginnt er für den Spiegel u.a. Reisekolumnnen zu schreiben, die 2000 als gesammeltes Werk unter dem Titel *Der gelbe Bleistift* erscheinen. Ein Jahr später wird sein zweiter Roman *1979* publiziert. Zusammen mit seinem ersten Roman und *Ich werde hier sein im Sonnenschein und im Schatten* von 2008 wird *1979* als Trilogie gesehen. Von 2004 bis 2006 ist Kracht der Herausgeber der Literaturzeitschrift *Der Freund*. 2007 veröffentlicht er zusammen mit Ingo Niermann *Metan* und 2008 wird er als Gründungsmitglied der *Eiger Stiftung* (eine Stiftung für die Förderung literarischer Projekte) geführt (Vgl.:

Birgfeld 2009, S.271-278). 2012 wird sein bisher jüngster Roman *Imperium*, der weithin für Furore sorgt, veröffentlicht.

Allgemein gilt Kracht mit seinen stringent gegenwartsaffinen Texten als eng verbunden mit der so genannten *Generation Golf* und als Initiator der deutschen Pop-Literatur (Vgl.: Rink 2012, S.80). Inwieweit dies jedoch zutrifft oder zu negieren ist, soll im Verlauf der Arbeit zu klären versucht werden.

Wolfgang Herrndorf wird am 12. Juni 1965 in Hamburg geboren und absolviert ein Kunststudium. Nachdem er im Anschluss an sein Studium zunächst als Illustrator für u.a. das Satiremagazin *Titanic* tätig ist, wird der Haffmans-Verlag auf ihn aufmerksam und er beginnt seine Karriere als Schriftsteller eher zufällig, nachdem er zunächst während seiner Tätigkeit im Verlagswesen diverse Buchillustrationen zeichnete (Vgl.: Born 2015, S.79). Auf Grund dessen, dass er selbst mit der Malerei unzufrieden ist, da er mit ihr nicht hinreichend ausdrücken könne, was ihn interessiere, gibt er diese jedoch bald auf und widmet sich dem Schreiben (Vgl.: Schmitt 2015).

Sein 2002 erscheinender Debut-Roman *In Plüschgewittern* findet zwar zunächst noch wenig Anklang, doch bereits 2004 gewinnt Herrndorf bei einem Schriftsteller-Wettbewerb den Publikumspreis für eine Kurzgeschichte, die drei Jahre später nebst anderen in *Diesseits des Van-Allen-Gürtels* veröffentlicht wird, und 2012 erhält er sogar den Preis der Leipziger Buchmesse für sein 2011 publiziertes Werk *Sand*.

2010 erkrankt Herrndorf an einem Hirntumor und beginnt sein Leben und den aussichtslosen Kampf gegen die tödliche Krankheit in seinem Blog *Arbeit & Struktur*, der 2013 sogar in gedruckter Form als Sammlung erscheint, zu dokumentieren. Im August 2013 nimmt er sich nach langem Kampf gegen den Tumor im Alter von 48 Jahren in Berlin das Leben (Vgl.: Anonym: *Wolfgang Herrndorf. In Plüschgewittern.* 2008).

Bis kurz vor seinem Tod arbeitet Herrndorf noch an Szenen für einen neuen Roman, wohlweislich diesen nicht mehr beenden zu können. Dieser letzte Roman erscheint postum und von Freunden ergänzt unter dem Titel *Bilder deiner großen Liebe* und ist mit der Protagonistin Isa quasi als eine Fortsetzung seines Erfolgsromans *Tschick* zu sehen. Auch in der Road-Trip-Thematik ähnelt *Bilder deiner großen Liebe* seinem „Vorgänger" (Vgl.: Radisch 2014).

2. Der deutsche Bildungsroman

Der Begriff *Bildungsroman* lässt sich nur recht diffus definieren. Untersucht man die entsprechenden Werke dieser Gattung näher, so erkennt man, dass sich sowohl bildungsspezifische- als auch Elemente des Erziehungs- und Entwicklungsromans finden lassen (Vgl.: Kohn 1969, S.04). Diese Besonderheit ist darauf zurückzuführen, dass ein Roman „in den seltensten Fällen ausschließlich einem einzigen gattungstypologischen Muster" explizit zuzuordnen ist; häufig finden sich daher im Bildungsroman auch Merkmale des Reise-, Abenteuer-, Entwicklungs-, Liebesromans, etc. (Gutjahr 2007, S.11). Im Nachfolgenden sei dennoch der Versuch unternommen, den Begriff *Bildungsroman* zu umgrenzen und typische Eigenschaften desselbigen aufzuzeigen, wobei ebenfalls auf eventuelle Parallelen zu anderen Gattungen hingewiesen werden soll:

Der Typus des Bildungsromans entstand in Deutschland gegen Ende des 18.Jh. und thematisierte i.d.R. den Bildungs- und Werdegang „eines jugendlichen Protagonisten zumeist von der Kindheit bis zur Berufsfindung" (Ebd., S.07). Einer der ersten und der wohl bekannteste Bildungsroman ist Johann Wolfgang von Goethes *Wilhelm Meisters Lehrjahre*, der laut Kohn gleichsam als „Ausgangspunkt des 'Bildungsromans' schlechthin" und in diesem Sinne nicht nur als „Maßstab", sondern im Grunde als grundlegendes „Paradigma dafür, was in seiner Folgezeit als 'Bildungsroman' bezeichnet werden kann und was nicht", gesehen werden kann (Tiefenbacher 1982, S.12). Aus diesem Grund wird der Bildungsroman an sich weitestgehend als eine kennzeichnende deutsche Form der Literatur bezeichnet und der Begriff *Bildungsroman* sogar in fremdsprachiger Literatur als *terminus technicus* angeführt (Gutjahr 2007, S.07).

Zwar werden auch moderne Bildungsromane oft (wenn nicht gar immer) mit ihrem „Vorläufer" *Wilhelm Meister* verglichen, doch hat sich die Definition des *Bildungsromans* im Laufe der Zeit modifiziert:

„Goethes Werk zeigt menschliche Ausbildung in verschiedenen Stufen", wie es der initialen Definition als Roman, „dem es 'auf allgemeine, reinmenschliche Bildung' ankommt" und der „des Helden Bildung in ihrem Anfang und Fortgang bis zu einer gewissen Stufe der Vollendung darstellt" und somit zugleich „des Lesers Bildung in weiterem [!] Umfange als jede andere Art des Romans, fördert" – so Morgenstern –, entspricht (Kohn 1969, S.01-05). Die Tatsache, dass Morgenstern sich bei der

Benennung dieses Romantypus für ein Kompositum aus den Wörtern *Bildung* und *Roman* entschied, ist insofern prägnant, als so die Ästimation von Bildung und die zunehmende Signifikanz des Romans an sich im Verlauf des 18.Jh. ihr substantielles Signum finden (Vgl.: Gutjahr 2007, S.09). Das Hauptaugenmerk lag also bereits hier schon auf der inwendigen Geschichte der Heldenfigur, die sich quasi als modernere Figur einer Art neuen Rittertums – so Hegel – in verschiedenen Situationen, Stufen und Lebenslagen beweisen muss (Vgl.: Selbmann 1994, S.07-14).

„Gattungstypologischer Kern" war – und ist in diesem Sinne immer noch – „die Entwicklungsgeschichte" des „Protagonisten bis ins Erwachsenenalter", d.h., gewissermaßen der „Weg der Selbstfindung und zugleich sozialen Integration [...]" über Konflikt- und Krisenerfahrungen", wobei der Protagonist eine „Abfolge von Bildungssituationen" durchläuft, indem er sein Können und sein Talent nicht nur „unter Beweis [...]stellt", sondern auch die jeweilige „Realisierungsmöglichkeit von Lebensplänen" prüft, während er „Selbstreflexions- und Reifungsprozess[e]" durchlebt (Gutjahr 2007, S.08). Dies bedeutet, der Begriff *Bildungsroman* meint in diesem Zusammenhang die Darstellung des Prozesses der „Reifung eines Protagonisten, der in spannungsvoller Auseinandersetzung mit sozialen Ordnungen und der natürlichen Umwelt das Ziel verfolgt, eine seinen Wünschen angemessene und zugleich gesellschaftlich kompatible Lebensform zu finden" (Ebd.). Insofern thematisiert der Bildungsroman das Bestreben nach Bildung und Identitätsfindung im Reifungsprozess des Älterwerdens und der Suche nach einem Lebenssinn. Zu beachten ist auch, dass der Protagonist meist männlich ist und i.d.R. einer höher gestellten sozialen Schicht angehört (Tschirner 1989, S.96).

So gesehen entstand mit dem Bildungsroman eine Gattung, die nicht nur die Bildung eines Individuums thematisiert, sondern zusätzlich en gros zu einer Vermittlungsinstanz hinsichtlich der „Individuationsbedürfnisse" sowie auch der „Selbstbestimmungswünsche" des Bürgertums (im 18.Jh.) avancierte (Gutjahr 2007, S.11). Selbmann weist hier darauf hin, dass in diesem Sinne die Möglichkeit besteht, dass der Autor so gesehen auch den Verlauf seiner eigenen Bildungs- und Entwicklungsgeschichte repräsentiert haben könnte (Selbmann 1994, S.10). Dies ist grundlegend zwar nicht auszuschließen, jedoch sollte es nicht als universale Deutungshypothese gesehen, sondern maximal im Einzelfall als Interpretationsansatz in Betracht gezogen werden.

Neben der allgemeinen Handlung des Romans spielt also immer auch die Identitäts- und Persönlichkeitsentwicklung des Protagonisten eine Rolle sowie auch alle sich darauf auswirkenden Faktoren. In diesem Zusammenhang sind auch typische Motive des Bildungsromans zu nennen wie bspw. das Reisemotiv – und in diesem Konnex auch das Aufeinandertreffen und die Kontroverse mit anderen Figuren – und das Erleben von Abenteuern (Gutjahr 2007, S.42). Auf Grund dessen, dass der Bildungsroman die Geschichte eines Protagonisten, der nach Dilthey „in das Leben tritt", sich stets auf der Suche nach divergenten Gegebenheiten befindet und dabei mit der Welt konfrontiert wird „und so unter mannigfachen Lebenserfahrungen heranreift und sich selber und seiner Aufgabe in der Welt" gewiss zu werden vermag, thematisiert, sind ebenfalls Thematiken wie Dissens mit dem Elternhaus und Erziehungsinstitutionen, erwachende Sexualität und (erste) erotische Erfahrungen oftmals im Bildungsroman zu finden (Ebd., S.45f).

Oder anders formuliert: Im Grunde thematisiert der Bildungsroman an sich die Lebens- und Entwicklungsgeschichte eines Helden innerhalb eines i.d.R. umgrenzten Zeitraums, wobei der Verlauf der Entwicklung einem relativ offenen Spielraum unterliegt (Vgl.: Tiefenbacher 1982, S.13). Detailliert geschildert werden dabei die für die einzelnen Entwicklungsstufen signifikanten „Auseinandersetzungen des Individuums mit seiner Umwelt", der in diesem Sinne eine Art „produktionsästhetischer Aspekt" im Handlungsverlauf zufällt, weshalb sich im Bildungsroman Anklänge eines „Weltbildromans" finden lassen (Ebd., S.15).

Alles in Allem geht es also v.a. um die Entfaltung eines Individuums im Kontext seiner Umwelt, weshalb Jacob es so formuliert, dass einem Roman dann „das Schema eines Bildungsromans zugrunde" liegt, wenn er „letztlich zur Formulierung eines Lebensziels führt und dieses in der Lebensgeschichte eines exemplarischen Individuums" in reeller Weise wiedergegeben wird, d.h. es geht um die Darlegung von Konfliktsituationen, die ideeller Weise zur Selbstverwirklichung des Helden „zu einer umfassend gebildeten Persönlichkeit" führt (Ebd., S.13ff). Dass mit dieser Entwicklung sowohl positive Erfahrungen als auch Enttäuschungen verbunden sein können, ist quasi selbstredend, da jene Begebenheiten, die der (typische) Bildungsroman schildert, gleichsam die Fiktion einer realistisch denkbaren Lebensgeschichte repräsentieren; es ist in diesem Sinne sozusagen die Repräsentation eines humanitären Entwicklungsschematas an Hand „innerer und äußerer Konflikte, deren Bewältigung dem Ich eine zunehmende Autono-mie […] einbringt" (Ebd., S.59f). Im sich im Laufe der Zeit veränderten Bildungsroman geht es dabei bei der Darstellung von Konflikten im Besonderen auch um den Einbezug

aktueller und der entsprechenden Zeit angepasster Problematiken, d.h. der Bildungsroman entwickelte sich mit der Zeit „vom Gehalt her" weiter, wodurch eine „zunehmende Komplexität" und eine „intellektuelle Abstraktion der Gehalte" entsteht, wobei die
im – wenn man so möchte – *modernen* Bildungsroman beschriebenen Entwicklungs-
stadien insofern von den sozialen, politischen und technischen Neuerungen im Laufe
der Zeit beeinflusst wurden, als sich auch die für das Individuum zu bewältigenden
Situationen – und damit auch die Identitätsbildungsprozesse – gewandelt haben (Kohn
1969, S.43f)[1]. Kohn hebt in diesem Zusammenhang hervor, dass sich die Thematisierung von Problematiken (der jeweiligen aktuellen Zeit) zwar stets in Bildungsromanen finden lassen, dass der moderne Bildungsroman allerdings wesentlich häufiger auch
explizit in der (entsprechenden) Gegenwart verankert ist (Vgl.: Ebd., S.41).

Trotz aller Entwicklungen und Veränderungen im Laufe der Zeit bleibt der Kern des
Bildungsromans jedoch identisch: die „epische Struktur" eines reisenden und sich
gewissermaßen auf der Suche befindenden Helden, der versucht, etwas „Absolutes" zu
erreichen, wodurch der Bildungsroman an sich in gewisser Weise immer auch einen utopisch und vielleicht unrealistisch anklingenden Beigeschmack bekommt (Ebd., S.88).
Eine Besonderheit sei jedoch hervorgehoben:
Das für den Bildungsroman quasi als Voraussetzung geltende „Ineinanderwirken" von
Individuum und Umwelt wird im Verlaufe des 20. und 21.Jh. – d.h. zunehmend im
modernen Bildungsroman – immer mehr zerstört und das Ich durch die mannigfaltigen
Neuerungen der Welt gleichsam entfremdet, wodurch ihm oftmals nur das Echappement
in die „Innerlichkeit" und in gewisser Weise damit verbunden die Sehnsucht nach Isolation bleibt (Ebd., S.46). Dies bedeutet, dass der „Versuch der Zielfindung, das Streben
nach Sinn und Erfüllung" auch im modernen Bildungsroman zwar immer noch „unver-
zichtbare Wesensmerkmale" sind, die letztendlich erfolgreiche Realisierung der Ziel-
stufe dagegen nicht mehr, wodurch das utopisch anklingende Element des Bildungsromans (s.o.) im Laufe der Zeit einem dystopischen gewichen zu sein scheint (Tschirner
1989, S.50). Doch gerade in diesem „Verzicht auf konkrete […] Implikationen" dieser
Art liegt das Potential des modernen Bildungsromans, auch „alternative Gesellschafts-
entwürfe zu präsentieren" (Ebd., S.53).
Hinsichtlich des Romanaufbaus ist zu beachten, dass es sich i.d.R. meist um eine fiktive, jedoch realistische, biographische Erzählung mit – im Regelfall – einem Ich-

---

1 Für den genaueren Zusammenhang mit *Identität* siehe nachfolgendes Kapitel.

Erzähler handelt (Gutjahr 2007, S.12). Der Erzählvorgang verläuft dabei im Grunde chronologisch und folgt der Biographie des Helden; frühere Erlebnisse werden meist in Form von Rückblenden bzw. Erinnerungen des Protagonisten, die durch bestimmte Gegebenheiten auf seinem Weg ausgelöst werden, geschildert (Tschirner 1989, S.49). Eben jene Sequenzen eines Rückblicks sieht Borchert als signifikante Orientierungs-punkte und Entscheidungshilfen für den Protagonisten „an Wendepunkten seiner inne-ren Entwicklung", wodurch eine gewisse Mehrsträngigkeit als prägnanter Bestandteil des Romanaufbaus fungiert (Kohn 1969, S.16). Mehrsträngig in dem Sinne, als die Erinnerungen des Protagonisten die „Grundlinie" der Bildungs- bzw. Reisegeschichte segmentieren (Vgl.: Ebd.).

Abgesehen davon sei auch auf das Ende des Romans hingewiesen:

Als Ende des typischen Bildungsromans wird allgemein hin die Erreichung des gesuchten Ziels gesehen. Da Bildung an sich im Grunde jedoch keine Endgültigkeit kennt, scheint ein offenes Romanende – das vielleicht auch die Möglichkeit für Fortsetzungen bietet wie bspw. im Falle von Goethes Lehr- und Wanderjahren – ohne ultimative typische Happy-End-Szenerie angemessen (Vgl.: Tschirner 1989, S.176).

Des Weiteren ist zu beachten, dass – wie bereits konstatiert – der Bildungsroman an sich diverse Parallelen zum Entwicklungsroman aufweist und daher oftmals eine prononcierte Abgrenzung schwer fällt, wenn nicht gar unmöglich ist. Eine erste Parallele findet sich bereits in der Grundstruktur des Romans: Auf Grund dessen, dass im Bildungsroman (in Auszügen) der Lebensverlauf des Protagonisten im Bezug auf seine Umwelt abgebildet wird, ist die Erzählstruktur konvergent mit der Entwicklung des Protagonisten, weshalb er so gesehen im Grunde auch als Entwicklungsroman gele-sen werden könnte (Vgl.: Tiefenbacher 1982, S.227). Differenzierende Nuancen bilden hier jedoch die substantiellen Komponenten der Bildungselemente, auf denen der Hauptfokus des Bildungsromans liegt (Vgl.: Selbmann 1994, S.32). Der Entwicklungs-roman an sich thematisiert so gesehen zwar ebenfalls die Problematiken und Konflikt-situationen eines Individuums im Kontext seiner Umwelt, jedoch findet sich in diesen i.d.R. kein übergeordnetes Ziel, nach welchem der Protagonist strebt bzw. etwas, nach dem er sucht (Vgl.: Kohn 1969, S.03).

Ungeachtet Similaritäten dieser Art ist der Begriff des *Bildungsromans* gleichsam als Formel, „die einen bestimmten Bereich epischer Texte" evoziert, zu verstehen (Ebd.). Zusammenfassend lässt sich sagen, dass – obwohl der Bildungsroman sich im Laufe der

Zeit gewandelt und weiterentwickelt hat und die Forschung auch aktuell noch nicht zu einer eindeutigen Lösung der Definitionsproblematik gelangt ist – die Erzählung der Entwicklungs-Story eines exemplarischen Heros quasi eine „epochenübergreifende, literaturgeschichtlich konstante Grundstruktur" darstellt und dass sich zudem in gewisser Weise auch die Romanstruktur an sich entwickelt, so als erlebe auch die Geschichte des Bildungsromans selbst eine Art Bildungsprozess (Vgl.: Selbmann 1994, S.17-31). In diesem Sinne ist es „entscheidendes poetologisches Kennzeichen des Bildungsromans", dass „der Erzählprozess selbst *als* Bildungsprozess gefasst" wird und der Bildungsroman „demnach nicht nur die Bildung eines Protagonisten zum Thema" hat, sondern ebenfalls „diese Entwicklung durch spezifische narrative Strategien" entfaltet (Gutjahr 2007, S.41).

Zudem lässt sich hier auch interpretieren, dass die Repräsentation eines solchen „über Höhen und Tiefen des Menschseins führenden Bildungsgangs [hin] zu einem gereiften" und vielleicht auch „vervollkommneten Individuum" in gewisser Weise auch als „Erziehung seiner Leser" bzw. als anregende und beispielhafte Lebensführung für eben jene verstanden werden könnte (Tiefenbacher 1982, S.17), da der Leser – durch die Darstellung des Inneren des Helden und die damit verbundene Identifikationsmöglichkeit – „mit seinem eigenen Inneren vertraut und gleichsam zu einem modernen, den Anforderungen der Zeit gewachsenen Menschen herangebildet" wird (Gutjahr 2007, S.49).

So gesehen kann festgehalten werden, dass der Bildungsroman eine Art Handwerkszeug darstellt, um auch den Problematiken des jeweils Zeitgenössischen Ausdruck zu verleihen, da es sich im Großen und Ganzen „um die [quasi] zu versöhnende Polarität" der Problematik der Konfrontation des Einzelnen mit der ihn umgebenden Welt handelt (Tschirner 1989, S.47). Weiterhin beziehen sich alle dargestellten Ereignisse und Figuren i.d.R. auf irgendeine Weise auf den Protagonisten.

Abgesehen davon wird – v.a. in den moderneren Bildungsromanen – eine von sozialen Ungerechtigkeiten geprägte Gesellschaft repräsentiert, wodurch einzelne Problematiken, Situationen, etc. noch zusätzliche Komplexität erlangen (Vgl.: Ebd. S.177).

3. Neue deutsche Pop-Literatur

Den Begriff der *Pop-Literatur* auf eine einheitliche und allgemeingültige Definition zu dezimieren, ist ein nahezu aussichtsloses Unterfangen; er scheint beinahe „endlos dehnbar zu sein", sodass alles oder nichts Pop sein könnte (Diederichsen 2013, S.188). Ebenso wie auch der Begriff des Bildungsromans mannigfaltig ist (s.o.), scheint auch eine Definition von Pop-Literatur – auch schon des Begriffs *Pop* an sich – schwierig. Schwierig ist es, weil sich hier viele Aspekte, die keineswegs konvergieren, „zum Teil sogar widersprüchlich, aber wiederum auch nicht immer scharf voneinander abgrenzbar" sind, überschneiden, weshalb solch differente Konzeptionen ebenfalls eine divergierende Eingrenzung implizieren, wie im weiteren Textverlauf deutlich werden wird (Goer/Greif 2013, S.09).

Etymologisch betrachtet ist das autonome Lexem *Pop* auf den Begriff *populär* zurückzuführen. Im Zusammenhang der angloamerikanischen Literatur- und Sozialwissenschaft gilt die so genannte *popular culture* „als Gegenstück zur elitären oder Hochkultur" und grenzt sich so von dem Herkömmlichen ab (Kendel 2005, S.31).

Auf Grund der Thematiken und des Stils des Pop stimme ich der Hypothese zu, dass der Begriff der *Pop-Literatur* als neologistisches Wortspiel aus den Termini *popular culture* und *Pop-Art* im Zusammenhang der Klassifizierung des Lexems *Pop* „als Derivat von populär" und des onomatopoetischen Innuendo auf das englische Verb *to pop*, welches so viel wie *knallen* oder *platzen* bedeutet, zu verstehen ist (Ebd., S.32). In diesem Sinne unifiziert der Begriff *Pop-Literatur* so gesehen eine gewisse „rebellisch-subversive Dimension" mit einem ebenso provokanten und „explosiv-revolutionären Gestus" (Ebd.).

Zusammengefasst könnte *Pop* im Grunde also „beinahe alles sein und bedeuten", sicher ist nur, dass es im Grunde „zersplittert, in sich [oft] widersprüchlich und im ganzen [!] eher diffizil" wirkt (Wenzel 2011, S.14). Im Folgenden sei jedoch trotz allem der Versuch gewagt, zumindest grob aufzuzeigen, welche Merkmale einer als *Pop* betitelten Literatur zu Grunde liegen und was – zumindest in Ansätzen – unter *Pop* zu verstehen ist.

Wie bereits konstatiert ist sich die Literatur hinsichtlich einer Begriffsdefinition uneinig, doch beinahe allen Ansätzen gemein ist die Deskription von Pop im Zusammenhang des Aspekts „der auffällig bunten, auf eine [überwiegend] jugendliche Käuferschaft abzielende Präsentation" (Paulokat 2008, S.15). Zuallererst sind in diesem Sinne schlichtweg neue, andersartige und vor allem auffällige Formen der Inszenierung das Ziel von Pop, was sich natürlich auch auf die Literatur auswirkt.

Will man dabei von einer Historik der Pop-Literatur sprechen, so sei angemerkt, dass erste Ansätze des Pop im 20.Jh. in Anlehnung an den Dadaismus entstanden, geprägt wurde der Begriff erstmals durch den amerikanischen Medientheoretiker Leslie A. Fiedler gegen Ende der 1960er Jahre (Hasbach 2010, S.21). Etwa in den 50er Jahren formierte sich in den USA bereits die Gruppe der so genannten *Beat Generation*, die als Außenseiter einer sehr freizügig und tabulos praktizierten Hetero-, Homo- und Bisexualität der Literatur neue Einflüsse brachte und unverhüllt zuvor tabuisierte Thematiken wie Sex, Elend und Drogenmissbrauch im Zusammenhang alltäglicher Gegebenheiten und Gegenstände darstellte (Vgl.: Obst 2002, S.08f). Mit ihrem provokanten und obszönen Sprachgestus konstituierten sie das Lebensgefühl der späteren Hippie-Bewegung, und spätestens mit J. D. Salingers *The Catcher in the Rye* war Pop endgültig in der Literatur angekommen und „die Mauer zwischen [zuvor] elitärer Hoch- und populärer Massenkultur" wurde eingerissen (Ebd., S.10). Jene „oppositionelle Haltung" stellte nahezu „einen Umsturz der [bis dato] existierenden literarischen Verhältnisse dar" und kann in diesem Sinne als eine Art vielleicht schon „rebellische[r] Gestus" verstanden werden (Seiler 2006, S.27f).

In den 60er Jahren begannen die neuen „tabulosen Einflüsse" auch in Deutschland Fuß zu fassen, thematisiert wurden nicht nur bis dato verpönte Thematiken, sondern die Literatur war auch geprägt „von Protest sowie gesellschaftlicher Kritik" (Hasbach 2008, S.13). Die Literatur des „Pop wird hier als ästhetisch, sozial, politisch und ökonomisch vielschichtiger Diskurs innerhalb der Gegenwartskultur verstanden, der im Sinne eines engeren Kulturbegriffs auf künstlerischen Ausdrucksformen wie Musik, Literatur, bildenden Künsten und Film basiert" (bereits hier wird der multimediale Kern des Pop, auf den später noch verwiesen wird, deutlich; Goer/Greif 2013, S.10). In diesem Sinne versteht Diederichsen Pop „als eine freundlich-höhnische Präsentation aufklärerischer Dialektik" (Diederichsen 2013, S.192).

Zum richtigen Boom kam es in Deutschland jedoch erst in der Zeit der 80er und 90er Jahre, in der die Populärkultur in Deutschland nahezu „zum Mainstream" avancierte (Obst 2002, S.15f). Auch wenn die Autoren der 90er im Vergleich zu denen der 60er divergente Ansätze verfolgen, vielleicht noch radikaler und provozierender, noch offener und zeitgleich noch oberflächlicher scheinen, es ihnen im Grunde um ein „Rezipieren und Reflektieren" der Gegenwart (in all ihren möglichen Facetten) geht –

so Jörgen Schäfer –, lassen sich dennoch beide Generationen unter dem einen großen Nenner *Pop* zusammenfassen (Seiler 2006, S.29f). Im Fokus des so gesehen *modernen* Pop stehen nun nicht mehr offene Kritik und politisches Engagement, sondern sowohl Kriterien der Unterhaltung als auch v.a. der abbildenden Realismus-Treue und der Repräsentation von Adoleszenz-Thematiken (Vgl.: Hasbach 2010, S.14); vorherrschendes Sujet ist hier nun eine „Form des leichten, ironischen, oberflächlichen Lifestyle"-Kults (Kendel 2005, S.33).

Auf Grund dieses „Bruchs" zwischen dem Pop der 60er bis 80er und dem Pop der 90er Jahre plädiert Diederichsen für eine Segmentierung in die beiden Phasen *Pop I* und *Pop II*. Diese Einteilung sei hier zwar angemerkt, im weiteren Verlauf dieser Arbeit wird jedoch auf die Selbige verzichtet bzw. diese nicht weiter beachtet, da sie für die weitere Analyse irrelevant ist (Diederichsen 2013, S.242).

Als Initiator der (90er-)Pop-Literatur in Deutschland gilt bis heute Christian Kracht mit seinem Debütroman *Faserland*[2], der stark an Bret Easton Ellis' *American Psycho*, welcher in den USA für Furore sorgte, erinnert (Seiler 2006, S.276). Als „literarischer Höhepunkt" der deutschen Pop-Literatur gilt das 1999 publizierte Werk *Tristesse Royale*, in dem Kracht zusammen mit Benjamin von Struckrad-Barre und anderen jungen Pop-Autoren in einer Form der Selbstinszenierung ein fiktives „Fin-de-Siècle-Gespräch" im Berliner Nobelhotel *Adlon* inszenieren, wobei der Fokus im Wesentlichen eher auf der Rezeption als auf dem Ereignis bzw. dem Diskurs als Handlung an sich liegt, weshalb es oftmals als fast schon inhaltsleeres Oberflächendebakel diffamiert wurde (Ebd.). An Hand dieses Beispiels zeigt sich jedoch gut, welche Thematik der (modernen) Pop-Literatur zu Grunde liegt: Es geht in gewisser Weise um eine Form des „Dagegensein[s] und zeitgleichen „Dabeiseins", d.h. es geht in gewisser Weise auch weiterhin um die „Ablehnung kollektiver" Ideale der Gesellschaft (Ebd., S.277). Prinzipiell ist es die meist zynisch-provokante und auch abwertende Lebenshaltung bzw. Beschreibung desselbigen und der Welt aus Sicht eines Außenseiters, der sich einerseits bewusst abzugrenzen versucht und andererseits dennoch Anschluss in irgendeiner Form sucht bzw. im Wesentlichen zunächst einmal sich selbst erst wirklich finden muss. Zwingender Bestandteil eines jeden Romans ist dabei immer ein direkter und unmittelbarer Gegenwartsbezug, der nicht davor zurückschreckt, auch aktuelle Problematiken radikal und nicht verharmlosend aufzuzeigen (Hasbach 2010, S.11).

---

2 Inwieweit es sich hierbei tatsächlich um Pop im definierten Sinne handelt, sei in Kapitel 4 analysiert.

Nach Reiter findet sich unter der Thematik Pop all jenes, was eine „Dokumentation des Zeitgeistes" und des entsprechenden „gesellschaftlichen Klimas" mit zeitgleicher „Beschreibung des Lebensgefühls" ausmacht, wobei der Protagonist gleichsam zur Stimme einer ganzen Generation wird (Reiter 2011, S.12).

Das Ende der Pop-Literatur wird in der Literatur oftmals bereits kurz nach ihrem Höhepunkt mit Krachts *1979* datiert[3].

Hinsichtlich der heutigen Gegenwartsliteratur ist sich die Literatur uneinig, „denn auch aktuelle [Werke] werden mit 'Pop' etikettiert", obwohl eben diese „Phase" ja weithin als bereits beendet gesehen wird (Hasbach 2010, S.16). Am Beispiel von Christian Kracht und Wolfgang Herrndorf soll eben dieser Fragestellung im weiteren Verlauf der Arbeit nachgegangen werden. Hierbei ist jedoch zu beachten, dass gerade auf Grund der offensichtlichen „Dehnbarkeit dessen, was unter Pop zu verstehen ist" eine „Auseinandersetzung mit diesem Thema deutlich [macht], dass im wissenschaftlichen Diskurs keine Einigkeit darüber herrscht, wie der Begriff *Popliteraur* genau zu definieren" ist (Kendel 2005, S.38). So gesehen könnte Pop auch einfach als eine Art „Sammelbegriff" für alles, was auch nur im Entferntesten nach Pop aussieht, dienen (Hasbach 2010, S.09).

Die häufigste in der Pop-Literatur anzutreffende Romanform ist die des Adoleszenzromans, der sich durch jugendliche Protagonisten und aktuelle und lebensnahe Thematiken auszeichnet (Vgl.: Paulokat 2008, S.47). Zu beachten ist hierbei, dass die Bezeichnung des *Adoleszenzromans* an sich erst seit dem Ende der 1980er Jahre in der Forschung um Kinder- und Jugendliteratur ein Begriff wurde. Merkmal eines solch modernen Jugend- bzw. Adolszenezromans ist v.a. der Protagonist, der sich – vergleichbar mit dem Bildungsroman – i.d.R. ebenfalls in der Lebens-Phase der Adoleszenz befindet; im Gegensatz zum Bildungsroman finden sich hier jedoch „keine typisierten Figuren in exemplarischen Handlungskonstellationen", sondern es werden meist „unverwechselbare Individuen, […] welche Existenzqualen oder Persönlichkeitskrisen durchleben", dargestellt, wobei weiterhin zu beachten ist, dass auch jene sich in diesem Sinne auf der Suche nach einem (Lebens-)Sinn und ihrer individuellen Identität befinden, weshalb ein solcher popliterarischer Roman grob betrachtet als *moderner Bildungsroman* betrachtet werden könnte (Vgl.: Ebd). Ebenso wie auch im Bildungsroman finden sich hier Elemente wie Liebe, Sex, Freundschaft, etc. und auch das Element der Reise spielt in die-

---

3 Auf diesen Aspekt wird im weiteren Verlauf der Analyse noch weiter eingegangen und daher hier nicht weiter beachtet.

sem Zusammenhang eine prägende Rolle, doch geht der Pop-Roman hier noch ein Stück weiter und ist problemorientiert und offen gehalten und kennt in diesem Sinne quasi keinerlei Tabus (Vgl.: Ebd.). Heros des Pop-Romans ist somit ein „Außenseiter […] in der [modernen] Großstadtwelt", auf der Suche nach sich selbst und einem höher gestellten Sinn, wobei nahezu keinerlei Tabus mehr existieren und zugleich eine Art exzessiver Oberflächenkult beschrieben wird (Ebd., S.48f). Jene Oberflächlichkeit bezieht sich zunächst auf die fast schon detailversessene Deskription alltäglicher Banalitäten, die der Leser im Grunde auch real erleben könnte und die daher auf den ersten Blick nebensächlich und ennuyant wirken mögen. Doch eben jene „schonungslose Beobachtung des Banalen" ist das, was den Pop-Roman (u.a.) ausmacht (Degler 2008, S.63): Kein anderes Genre verwendet soviel Aufmerksamkeit auf – man könnte meinen – objektive Nichtigkeiten, weshalb sich hier interpretieren ließe, dass der Pop-Roman mit seiner provokanten Alltagsdarstellung hervorsticht und sich abhebt. Imdahl sieht hierin nicht nur eine „implizite Gesellschaftskritik", sondern ebenso den Auslöser eines „identitäre[n] Schock[s] der Pop-Art", durch eben jene „genuinen Gestaltungsprozess[e]" (Imdahl 2013, S.62). Hier sei v.a. auch auf das Motiv des überschwänglichen Gebrauchs von Markennamen – in welchem der Oberflächenkult zu kulminieren scheint – hingewiesen: Markennamen dienen dem Erzähler im Verlauf der Geschichte gleichsam als Adjektive, da er vielerlei Dinge durch sie umschreibt anstatt sie explizit zu benennen. Die eigentliche Handlung des Romans wird so durch scheinbar sekundäre Trivialitäten aufgeladen und erlangt vielleicht gerade durch diese Tiefe, da sie einen Einblick in die Gesellschaft und das Gemüt des Erzählers gewährleisten (Eco 2013, S.113).

Wenn gerade „alltägliche Objekte zum Gegenstand" des „ästhetischen Interesses" werden, wird zudem eine „Voraussetzung dafür [geschaffen], daß [!] sich auch an diesen Objekten" – so banal sie auch scheinen – „eine gewisse Schönheit entdecken" lassen könnte (Ebd., S.114). In diesem Sinne kann es – so Eco – als Beitrag des Pop dazu gesehen werden, dass die Kunst (und das schließt die Literatur mit ein) „zur Gegenständlichkeit" zurückgefunden und darüber hinaus die Massenmedialität in deren Zusammenhang erkannt hat (Ebd., S.117).

Zwar gehören die Protagonisten der Pop-Literatur i.d.R. einer höher gestellten Gesellschaftsschicht an (worauf auch der repräsentierte Markenfetischismus hinweist), doch „ganz im Gegensatz zum [oft] dominierenden Bild einer Literatur der Reichen und

Schönen", nimmt die Pop-Literatur „bei ihren Beobachtungen des Alltags in der Konsumgesellschaft" nicht nur die Gesellschaft, sondern – wenn auch erst auf den zweiten Blick erkennbar – v.a. auch die Innenwelt des Ich, besonders im Hinblick auf Pathologie und Verletzbarkeit, in den Fokus (Degler 2008, S.99).

Neben der Entwicklung des Individuums und seinen Gefühlen im Zusammenhang seiner Umwelt findet sich ebenso eine allgemeine „popliterarische Fixierung auf den Körper", die sich auch in detaillierten Beschreibungen von Körperfunktionen, etc. manifestiert (Degler 2008, S.108)[4].

Zuletzt sei noch auf die Sprache und den Stil popliterarischer Texte eingegangen.

Wie bereits konstatiert werden Thematiken der Jugendwelt und des Alltags dargestellt, zu den Motiviken gehören u.a. Massenmedienkonsum, Freundschaft, Liebe und Sex, Parties, Drogen, Alkohol (Vgl.: Paulokat 2008, S.07). Hinzu kommen Motive aus dem Bereich Psyche, Gefühlswelt und Körperlichkeit, der Leser wird konfrontiert mit Krankheit, Tod und Destruktion (Vgl.: Degler 2008, S.97), oft auch zusammen mit Lebenserfahrungen einer Identitätskrise (Vgl.: Imdahl 2013, S.69).

Sprachstilistisch mischen sich dabei „kreative Originalität und überraschende Neu-rahmungen" (Hecken 2009, S.446). Zeitgleich findet sich dennoch typischerweise der „Duktus" der „einfache[n] Sprache des Berichts", der an das stilistische Niveau des Erzählers adaptiert ist (Degler 2008, S.67). Der Sprachstil beinhaltet sowohl Umgangs-sprache und Jugendjargon als auch einen mediengeprägten Sprachgestus, Anglizismen und gegebenenfalls Neologismen sowie einen beinahe verpflichtenden, ironischen oder zynischen Unterton (Vgl.: Kendel 2005, S.36). Fiske sieht hierin die „Weigerung, sich einer sprachlichen Ordnung zu unterwerfen" und sich neuen, ungewöhnlichen Formen zuzuwenden (Fiske 2013, S.174).

Von Bedeutung ist dabei, dass hier zu Gunsten der Ich- und Innenperspektive „auf den traditionellen auktorialen Erzähler verzichtet wird, wie wir es i.d.R. auch in Bildungs-romanen vorfinden (Paulokat 2008, S.49). Durch die Perspektivik ist dem Leser ein Einblick in das Lebensgefühl und die Erfahrungen des Protagonisten gegeben, was – zusammen mit der Realitätsnähe durch detaillierte Alltagsbeschreibungen – das Identifikationspotential für den Leser steigert. Hierbei sei jedoch angemerkt, dass die für den Pop-Roman typische autodiegetische Präsenserzählung „eine überaus artifi-zielle [ist], das heißt: [eine eigentlich] komplett unnatürliche Erzählform, weil man ja

---

4 Vergleich hierzu auch Kapitel 4.6.

nicht gleichzeitig erzählen und erleben kann", wie es ein solcher Erzähler impliziert, weshalb ein entsprechender Sprachgestus maximal als „innerer Monolog" gedeutet werden könnte (Baßler 2015, S.70).

Des Weiteren ist festzuhalten, dass eben „jene den Betrachter einbeziehende Exponierung des real präsenten Raumes bewirkt, daß [!] der in der dargestellten Szene fixierte Augenblick seinerseits das Zeitbewußtsein [!] des Betrachters arretiert", d.h., den Blick gegebenenfalls reflektierend auf das (reale) Hier und Jetzt leitet, wodurch das Ziel der Pop-Literatur und der Pop-Art an sich, die Erregung von Aufmerksamkeit und Provokation, erfüllt ist (Imdahl 2013, S.68).

Pop-Literatur transzendiert so gesehen nicht nur die Demarkation von etwas Neuem, sondern nimmt sich auch das Motiv des „Crossover" nahezu zum „Grundprinzip" (Diederichsen 2013, S.188).

Mit alldem einhergehend lässt natürlich auch die Thematik des Gendertrouble nicht lange auf sich warten, und mit ihrer unverblümten Thematisierung von Homo-, Hetero- und Bisexualität (ob latent oder offen) werden die „Geschlechter-Inszenierungen des Männlichen und Weiblichen […] zu einem Kern-Charakteristikum popliterarischer Strategien" (Borgstedt 2003, S.225). Exemplifiziert wird all jenes an Hand eines Erzählers, der in die Welt – die quasi als „Versuchsraum" fungiert – hineingestellt wird und seine Reaktionen auf die ihm begegnenden Dinge in der Welt beschrieben werden (Vgl.: Gansel 2003, S.243).

Auf Grund der allgemeinen Distanzierung des Protagonisten und seiner (so entstehen-den) „Außenseiterposition[...]" bietet der Pop-Roman gleichsam die „schemenhaft und isoliert angelegt[e]" Figur eines „Anti-Helden" (Hasbach 2010, S.19).

Insgesamt zeigt sich, dass sie Thematiken und die Sprache der Pop-Literatur i.d.R. einem recht jugendlichen Gestus entsprechen und oft historisch aktuell sind; es finden Szenen in Discotheken und auf Partys ebenso Eingang in die Literatur des Pop wie Freundschaft, Eremitentum, Ausgrenzung und Liebe und im Großen und Ganzen v.a. auch eine meist klare Trennung von der Norm (Wenzel 2011, S.14-17). Im Grunde können derartige Texte als eine „direkte Reaktion auf das alltägliche Leben", welches sie abbilden, verstanden werden (Kendel 2005, S.33). Zu diesem Zweck nutzen die Autoren des Pop „populär-kulturelle Symbole" (Musik, Popstars, etc.; Ebd., S.66). Es zeigt sich, dass der „emphatische Gegenwartsbezug der Popliteratur […] vor allem durch die gesuchte Nähe zur modernen Konsum- und Medienkultur hergestellt" wird (Borgstedt 2003, S.229). Vorliegend ist hier also eine objektivierende Textart, die explizit den Alltag thematisiert und so belanglos, vielleicht sogar diffus scheinen mag, dies jedoch mit einer solchen Intensität und Detailliertheit, dass das Außergewöhnliche an dieser Stelle erst auf den zweiten Blick erkennbar wird (Vgl.: Hinz 2009, S.96). Jene Affinität zur Medien- und Konsumkultur drückt sich v.a. in der Form der Inszenierung aus: Sintflutartig begegnen dem Leser verschiedene Medien, von der Tageszeitung über das Radio bis hin zu Film- und Fernsehen, ebenso auch die „große Weltliteratur", die zitiert oder auch einfach nur genannt wird; „Leitkunst des Populären Realismus ist der Film" (Baßler 2015, S.79). Ob die Figuren des Romans sich nun direkt auf die Medien beziehen oder im Erzählstrang wie nebensächlich auf sie verwiesen wird, eine omnipräsente und übergreifende Medialität als Teil des (dargestellten) Alltags ist aus der Literatur des Pop nicht mehr wegzudenken. V.a. dass Aspekte des Films und der Musik wie selbstverständlich zum Alltäglichen gehören und „als das eigentlich Subversive und Provozierende" gesehen werden, stellt einen Bruch mit literarischen Traditionen dar, was viele Literaten als „Kultmarketing", durch welches Literatur zur „Performance" eines „Live-Erlebnis[ses]" wird, bezeichnen (Paulokat 2008, S.22ff).

Zusammenfassend lässt sich feststellen, dass Pop-Literatur so einerseits das Ziel der möglichst akribischen und reellen Abbildung der Realität durch Markensymbolismus und Intermedialität anheim liegt (Vgl.: Kendel 2005, S.68). Pop und auch Pop-Literatur sind hier gleichsam als „Teil eines kulturellen Paradigmas [...] polemische[r] Medienarbeit" und akribischer Detailbestimmtheit, die zusammen mit Tabulosigkeit und einem als vulgär anmaßenden Sprachgestus' gleichwohl provozieren wie auch Aufmerksamkeit erregen, zu verstehen, wobei zu beachten ist, dass trotz aller impliziter und expliziter Kritik keinerlei politische Positionen vertreten werden (Rink 2012, S.89). Alles in Allem propagiert Pop-Literatur mehr oder minder konkrete Bilder des reellen Lebens. Eben jene „Dynamisierung der Literatur und die Abkehr von ihren traditionellen" Figuren machen Pop-Literatur aus (Hagestedt 2009, S.135).
Im Großen und Ganzen ist Pop-Literatur im Grunde eine Literatur oberflächlicher Bilder (Vgl.: Seiler 2006, S.26), deren „offene Grenzen [...] ineinander über" und „ins Alltagsleben" fließen (Fiske 2013, S.179). Pop-Literatur weist in diesem Sinne nicht nur einige Parallelen zum Bildungsroman auf, sondern gilt v.a. als „ein Begriff, an dem etwas über 'uns' oder die 'Gesellschaft' klarwerden soll" (Diederichsen 2013, S.252).

26

4. Pop-Literatur und Bildungsroman? - Eine Analyse von *Faserland*, *1979*, *In Plüschgewittern* und *Diesseits des Van-Allen-Gürtels*

4.1. Handlung

Im Folgenden sind nun, nach einer jeweils kurzen Inhaltsangabe, die vier eingangs erwähnten Werke Krachts und Herrndorfs im Hinblick auf die Fragestellung, inwieweit sich in ihnen Elemente des Pop und des Bildungsromans finden lassen, analysiert. Hauptgegenstand der Untersuchung stellen dabei die zentralen Pop- und Bildungsroman-Motive Reise, Identität, Freundschaft, Sex und Oberflächenkult, etc. dar.

4.1.1. *Faserland*

Christian Krachts 1995 publizierter Debütroman *Faserland* thematisiert die Reise des namenlosen Ich-Erzählers quer durch Deutschland, beginnend auf Sylt. Die verschiedenen Stationen seiner Reise bestehen dabei überwiegend aus oberflächlichen Party-Szenerien und mehr oder minder flüchtigen Begegnungen mit Freunden – oder vielleicht besser – Bekannten.

Die erste Etappe seines Weges führt ihn nach Hamburg, wo er mit Nigel, einem alten Freund, eine wilde Party-Nacht verbringt und im Anschluss weiter nach Frankfurt reist, um einen weiteren Freund, Alexander, zu besuchen. In Frankfurt angekommen trifft er diesen zufällig in einem Lokal, doch statt mit ihm ins Gespräch zu kommen, stiehlt er diesem lediglich seine Jacke und fährt weiter nach Karlsruhe. Auf einer weiteren Party lernt er Eugen kennen, der ihn zu Kokain und Sex überreden will, außerdem begegnet er abermals Nigel, der ihn – wieder im Drogen-Delirium – nicht erkennt. Verstört von den Drogen-Exzessen und der offenkundig dargestellten Homosexualität der Party, erleidet er einen Schock und kommt erst auf einem Rave in München bei seinem Freund Rollo wieder zur Besinnung. Auf Rollos Geburtstags-Party entwendet er seinem „Freund" dessen Auto und fährt in die Schweiz, wo er wenige Tage später von Rollos Selbstmord erfährt. Der Roman endet mitten auf einem Züricher See.

4.1.2. *1979*

Krachts 2001 erschienener Roman *1979*, der zusammen mit seinem Debütroman und dem 2008 publizierten Roman *Ich werde hier sein im Sonnenschein und im Schatten* als

Trilogie gesehen wird, thematisiert nebensächlich die islamische Revolution in Teheran. Hauptgegenstand der Handlung ist im ersten Teil des Romans der Aufenthalt des ebenfalls namenlosen Ich-Erzählers und seines (Lebens-)Gefährten Christopher, der nach einer Party mit exzessivem Alkohol- und Drogenkonsum in einem Teheraner Krankenhaus stirbt. Nach Christophers Tod begibt sich der Protagonist auf Anraten eines flüchtigen Bekannten nach Tibet, um dort Erlösung und den Sinn des Lebens zu finden, was der zweite Teil des Romans schildert. Dort wird er jedoch verhaftet und zunächst in ein Umherziehungs- und anschließend in ein Arbeitslager gebracht, wo der Roman mit dem dort scheinbar zufriedenen und selig sein Leben fristenden Protagonisten relativ offen endet.

4.1.3. *In Plüschgewittern*

Wolfgang Herrndorfs 2002 publizierter Debütroman *In Plüschgewittern* schildert einen Ausschnitt aus dem Leben des namenlosen Ich-Erzählers, der durch Deutschland reist.

Zu Beginn des Romans trennt sich der Protagonist an einer Autobahnraststätte recht gefühllos und phlegmatisch von seiner Freundin Erika und fährt dann nach Hamburg, um seinen Bruder und dessen Frau Marit in ihrem alten Elternhaus zu besuchen. Nach einer Nacht in seinem alten Kinderzimmer und einem Wortgefecht mit seinem Bruder und Marit führt ihn seine Reise weiter nach Suderbarup, wo er seine Großmutter auf dem Sterbebett besucht, und im Anschluss weiter nach Berlin reist, um seinen alten Freund Desmond zu besuchen. Auf Kneipentour mit Desmond lernt er Ines kennen und das weitere Geschehen des Romans ist geprägt von Party- und Kneipen-Szenen, Verabredungen mit Erika und Erinnerungen an seine Kindheit und Jugend, die durch verschiedene Gegebenheiten und Begegnungen hervorgerufen werden. Zum Schluss verlässt er Berlin wieder und reist per Anhalter, wo er auf seinen ehemaligen Jugendfreund Malte Lipschitz trifft. Ein Stück weit fährt der Erzähler mit diesem mit; als Malte ihm jedoch recht offenkundige Avancen macht, flüchtet er und die Reise endet auf einer Wiese an der Autobahn, wo die letzten Gedanken des Protagonisten Erika gelten. Die Vermutung, dass der Erzähler hier stirbt, liegt nahe.

Das letzte Kapitel des Romans ist aus der Sicht des Bruders des Erzählers, der die Geschichte seines Bruders niederschreibt, verfasst und der Leser erfährt nun vom eigentlichen Geisteszustand des Protagonisten, von dessen Kindheit und dass Erika kurz nach ihrer Trennung bei einem Unfall gestorben ist.

4.1.4. *Diesseits des Van-Allen-Gürtels*

Diesseits des Van-Allen-Gürtels erschien 2007 und stellt im Grunde eher eine Sammlung von Kurzgeschichten dar, auch wenn alle sechs Geschichten durch verschiedene Elemente oder Personen miteinander verbunden sind.

Die erste Erzählung *Der Weg des Soldaten* beschreibt zunächst, wie der namenlose Ich-Erzähler in Nürnberg vor seiner Aufnahme an der Universität Franco und Hendrik, einen Pfleger der Berliner Charité, kennenlernt. Das Studium verläuft mehr schlecht als recht und der Protagonist bricht schließlich zusammen mit Franco, dessen Freundin Mara und ihrem gemeinsamen Liebhaber einer bizarr anmutenden Dreiecksbeziehung zu einer Reise nach Italien auf, ohne jedoch selbst recht zu wissen warum. Doch nachdem die Dreiecksbeziehung eskaliert und Francos und Maras gemeinsamer Liebhaber an einer Raststätte zurückgelassen wird, bleibt auch der Erzähler bei der nächsten Rast auf der Strecke und ist gezwungen, per Anhalter zu fahren. Im Auto einer Familie mit Kind, die ihn mitnehmen, bleibt das Ende der Geschichte offen.

Die sich daran anschließende zweite Erzählung mit dem Titel *Blume von Tsingtao* beschreibt einen Ausschnitt aus dem Leben eines Berliner Pflegers, der sich selbst als Masochist bezeichnet, und sich auf Weltreise begibt, nachdem er sich an den Hinterlassenschaften eines verstorbenen Patienten bereichert hat. In Südamerika infiziert er sich mit diversen Krankheiten und während seines Fieberdeliriums sehnt er sich nach Veränderung und Erkenntnis, ohne jedoch genau zu wissen, wonach er im Grunde sucht. Als es ihm wieder besser geht, führt er seine Reise fort und der Leser erfährt, dass nach ihm gefahndet wird, warum genau bleibt hier jedoch (noch) offen. Auf dem Weg nach Japan lernt er Herrn Mike kennen und während einer Weltuntergangsdebatte der beiden, ausgelöst durch einen Film, endet die Geschichte.
Der Erzähler bleibt während der Geschichte zwar namenlos, doch lässt sich aus der ersten Erzählung vermuten, dass es sich um Hendrik handelt, was in einer der späteren Geschichten bestätigt wird.

In der dritten Erzählung mit dem Titel *Der Oderbruch* wird die Zwischenstation einer Reise geschildert: Der Protagonist und Ich-Erzähler Georg muss nach einem Bootsaus-flug feststellen, dass sein Auto gestohlen worden ist und er versucht, in einem der um-liegenden Häuser telefonieren zu können. So trifft er auf Inka, die zunächst ängstlich ist, ihn dann jedoch herein lässt. Während er nach einem kurzen Telefonat auf die ortsansässige Polizei wartet, bleibt er bei Inka und die beiden kommen über den Fernsehbericht eines führerlosen Flugzeugs ins Gespräch. Nach kurzer Zeit beginnen die beiden in Inkas Keller eine Partie Tischtennis. Die Erzählung endet damit, dass ein namenloser Mann hinzukommt und nach Inka sucht, noch während Georg auf die Polizei wartet. Nach einer kurzen und recht aggressiven Unterhaltung verlässt Georg das Haus und hört zuletzt Inka im Keller schreien. Ohne weitere Auflösung endet die Episode.

Das vierte Kapitel bildet die Erzählung *Herrlich, diese Übersicht*, die ausschnitthaft eine Party-Szene thematisiert. Im Gegensatz zu den vorherigen Kapiteln gibt es hier keinen Ich-Erzähler, sondern es findet sich eine auktoriale Erzählperspektive. Hauptcharaktäre der Party sind neben vielen anderen Christine (die Gastgeberin), Lydia, Franco (den der Leser bereits aus der ersten Erzählung kennt) und Christines Sohn. Der Leser erfährt, dass es sich um eine Art Firmen-Party handelt und alle Beteiligten zusammen arbeiten. Neben exzessivem Alkoholkonsum und dem nebensächlichen Bericht eines Flugzeugabsturzes wird weiterhin geschildert, dass Christine eine Abneigung gegen ihren Teenager-Sohn hegt und zudem Probleme mit ihrem Freund zu haben scheint, da sie diesen oftmals vergeblich anzurufen versucht und er der Party fernbleibt. Zudem berichtet eine Frau – die zunächst noch namenlos bleibt – von ihrem Bruder, einem Pfleger in der Berliner Charité, der wegen mehrfachen Mordes verurteilt worden ist (vermutlich der dem Leser bereits bekannte Hendrik).
Das Kapitel endet damit, dass Christine und Lydia nach einem Gespräch über die *Zentrale Intelligenz Agentur* im Garten sitzend den Mond betrachten.

Die vorletzte und titelgebende Erzählung *Diesseits des Van-Allen-Gürtels* ist wieder aus der Perspektive eines namenlosen Ich-Erzählers geschrieben und beschreibt einen Abend aus dem Leben eines Mannes, der entdeckt, dass sein Nachbar ausgezogen ist und zusammen mit dem Teenager-Sohn einer weiteren Nachbarin in der nun leerstehenden Wohnung mit dem Konsum von Alkohol und Zigaretten verbringt. Es wird im Laufe der Geschichte deutlich, dass die beiden sich im Grunde nicht sonderlich mögen, dennoch verbringen sie den Abend zusammen und philosophieren u.a. über den Kosmos und den Mond. Zwar bleibt der Ich-Erzähler namenlos, doch lässt sich auf Grund einiger Hinweise vermuten, dass er der von der Party abwesende Freund Christines aus der vorherigen Geschichte ist.

Zentrale Intelligenz Agentur ist der Titel der letzten Geschichte in *Diesseits des Van-Allen-Gürtels* und thematisiert abermals eine von Alkohol, Sex und Drogen geprägten Party. Auch dieses Kapitel ist aus der Ich-Perspektive geschrieben, jedoch diesmal nicht in Form eines namenlosen Ich-Erzählers; zudem ist der Erzähler in *Zentrale Intelligenz Agentur* auch eine Frau (Heidi). Die Erzählung beginnt mit einer Autofahrt hin zu einer Art Büro-Feier der Zentralen Intelligenz Agentur auf einem (unbekannt bleibenden) Schloss. Während der Party erfährt der Leser, dass Heidi und ihre Begleiter, die bereits bekannten Arbeitskollegen von der Party in *Herrlich, diese Übersicht* sind und Heidi zudem die Schwester des Charité-Pflegers Hendrik. Zwar soll auf dieser Veranstaltung eine Präsentation gehalten werden, doch durch immer mehr Drogen- und Alkohol-konsum und die dadurch immer hemmungslosere Party-Gesellschaft wird dies schnell aus den Augen verloren und der Erzähler – bzw. die Erzählerin – beschreibt lediglich noch die Flut von Eindrücken. Die Erzählung – und damit auch der „Roman" – endet mit der Beschreibung der Landschaft in der einsetzenden Morgendämmerung.

Auf Grund der vielen Parallelen und Überschneidungen der einzelnen Erzählungen kann *Diesseits des Van-Allen-Gürtels* dennoch als zusammenhängender Roman mit der Schilderung parallel verlaufender Leben gelesen werden.

4.2. Das Reisemotiv

Wie bereits konstatiert ist das Motiv der *Reise* oftmals in Bildungsromanen und auch in der Pop-Literatur zu finden. Das suchende Ich begibt sich auf Reisen, um Antworten auf seine Fragen bzw. sich selbst zu finden und wächst derweil an den ihm dabei begegnen-den Aufgaben und entwickelt sich so weiter. Hinzu kommt die Tatsache, dass im Pop-Roman u.U. manchmal nicht ganz klar ist, wonach genau der Protagonist auf der Suche ist. Gerade die Potenzialität, zahlreiche Erfahrungen in der Welt zu sammeln, ist das, was das Motiv der Reise so erfolgreich macht (Vgl.: Fisch 2001). Erlebnisse während der Reise bieten die Virtualität, den Erfahrungshorizont zu erweitern, da sie „dem Reisenden die Begegnung mit [...] Ausschnitten der Welt und den Einblick in die Bedingungen des Lebens" ermöglichen (Ebd.). So hat der Held auf der Reise nicht nur die Möglichkeit, Erfahrungen zu sammeln, sondern auch das Andere und Unerwartete, d.h. ihm bisher Unbekanntes und Neues, zu entdecken und an den damit verbundenen Herausforderungen und Aufgaben zu wachsen, wobei es sicher ist, dass der Erzähler auf seinem Weg durch die Welt dabei u.a. mit „Gewissenskonflikten, Schuldgefühlen, Ängsten und Unsicherheiten" konfrontiert wird (Vgl.: Cosentino 1999, S.01).

Pauschal betrachtet sind die Gründe für eine Reise mannigfaltig: die Suche nach Antworten, das Sammeln von Erfahrungen, etwas Neues kennenlernen, die Loslösung vom Alltäglichen oder auch nur die Sehnsucht und Neugier nach der Ferne und dem Fremden (Vgl.: Moenninghoff 2013, S.05).

So befinden sich auch Krachts Figuren auf einer Reise. Das Ich in *Faserland* reist quer durch Deutschland, wobei jeder neue Aufbruch durch ein anderes Movens motiviert ist, mal ist es die sexuelle Eskapade eines Freundes (Vgl.: FL 51ff) oder depressive Stimmung eines anderen (Vgl.: FL 150ff). Warum genau der Protagonist sich jedoch überhaupt auf Reisen befindet, wird nicht explizit genannt; zudem ist nicht einmal klar, ob die Reise des Ichs auf Sylt, wo der Roman beginnt, anfängt, oder ob das Ich sich bereits vorher auf Reisen befand und die Geschichte des Romans lediglich einen Ausschnitt der Selbigen schildert. Jedoch lässt der erste Satz des Romans („Also, es fängt damit an, daß [!] ich bei Fisch-Gosch in List auf Sylt stehe und ein Jever aus der Flasche trinke"; FL 13) vermuten, dass dies ebenfalls der Beginn der Reise ist, oder zumindest dass hier etwas Neues beginnt, was der Erzähler für berichtenswert hält.

Das Motiv der Reise ist hier „sowohl in kompositorischer als auch in thematischer Hinsicht bedeutend, da der Text „die spontan und ungeplant von Sylt […] nach Zürich verlaufende Reise", bei der die „scheinbar zufällig gesetzten Etappenziele […] dennoch einer […] linearen Komposition" zu folgen scheinen, da die Reiseroute (Sylt-Hamburg-Frankfurt-Heidelberg-München-Meersburg-Zürich) grob von Nord nach Süd verläuft, zeigt (Glawion/Nover 2009, S.105). So gesehen könnte das Ziel der Reise als der Weg an sich gesehen werden, wobei dennoch stetig der Gedanke der Identitäts-Entwicklung latent mit anklingt (Vgl.: Ebd.).

Alles in Allem reist Krachts Erzähler in *Faserland* mit den Stippvisite-artigen Besuchen bei alten Bekannten und Freunden im Grunde „seiner Jugend hinterher", woraus „sich die unterschwellig depressive, sich [zuweilen sogar] in plötzlichen Weinkrämpfen entladende Grundstimmung des Erzählers" speist; sie lässt sich in diesem Sinne als „Ausdruck einer betrauerten Jugend", die nun auf Sex- und Drogen-überfluteten Partys im Erwachsenenalter kulminiert, interpretieren (Ebd.).

Des Weiteren ist zu beachten, dass die dargestellte Welt, die der Protagonist durchreist, eine durchaus natürliche ist, da das Ich auf der Hauptbühne Deutschland real existente Orte (z.B. Edel-Discotheken in München, Frankfurt, etc.) durchreist. Unrealistische Situationen finden sich lediglich in „träumerischen und assoziativen Illusionen" des Erzählers, die zusammen mit Passagen der Reflexion über bereits Erlebtes, zurück-reichend bis in seine Kindheit, den gesamten Roman durchziehen (Hasbach 2010, S.38). Ein Beispiel für solch ideologische Imaginationen findet sich z.B. in der idealisierten und utopischen Vorstellung eines Lebens mit Isabella Rossellini:

> „Vielleicht müßte [!] ich noch nicht mal auf diese Insel mit Isabella Rossellini, vielleicht würde es auch reichen, wenn ich mit ihr und den Kindern in dieser kleinen Hütte wohnen würde. Jetzt, wenn der Sommer kommt, würden die Bienen summen, und dann würde ich mit den Kindern Ausflüge machen bis an die Baumgrenze, durch die dunklen Wälder streifen, und wir werden uns Ameisenhaufen ansehen, und ich könnte so tun, als würde ich alles wissen. […] Ich hätte immer recht. Alles, was ich erzählen würde, wäre wahr. Dann hätte es auch einen Sinn gehabt, sich alles zu merken" (FL, S.158f).

Episoden wie diese ließen sich somit auch als eine Art „Weltflucht in die Utopie" interpretieren (Glawion/Nover 2009. S.108).

Hauptgegenstand der Erzählung bildet neben jenen eingeschobenen Passagen träumeri-scher Vorstellungen die Beschreibung der Umwelt, er beobachtet sie von einer gewissen Distanz aus und nimmt jegliche Details wahr. Dennoch lässt sich bereits hier erkennen, dass das Motiv der Reise ein weites Feld darstellt, innerhalb dessen „alle möglichen Vorkommnisse, Begegnungen, Erlebnisse und Reflexionen" dargestellt werden (Sahbi 1981, S.03). So sind auch die einzelnen Stationen der Reise in *Faserland* einerseits different repräsentiert, ebenso wie die jeweiligen Antagonisten der entsprechenden Passagen, andererseits läuft im Grunde dennoch jede Einzelne auf eine Partyszene hinaus.

Nachdem der Erzähler mit seinen Bekannten Champagner auf Sylt genießt, führt ihn die erste Station seiner Reise nach Hamburg, wo er direkt nach seiner Ankunft auf eine Party geht (FL 40f). Von dort aus reist er nach einer kurzen Szene am Flughafen weiter nach Frankfurt (FL 67ff); dort angekommen besucht er zwar keine Party, jedoch eine Bar (FL 98ff), nur um direkt danach auf einer Party in Heidelberg die nächste Station auf seiner Reise anzulaufen (FL 103) und im Anschluss einen Rave in München zu besuchen (FL 111). Auch der restliche Verlauf des Romans entspricht diesem Schemata, auch wenn die repräsentierten Alkohol- und Drogen-Szenarien mit zunehmendem

Roman-Verlauf an Intensität gewinnen. Auch das distanzierte Verhalten des Erzählers ändert sich wenig. Einzig die durch verschiedene Gegebenheiten und Personen ausgelösten Erinnerungs- und Fantasie-Sequenzen divergieren und grenzen die einzelnen Stationen voneinander ab: Ist es einmal eine Fantasie von Isabella Rossellini, so ist es ein andermal die Erinnerung an einen einst fast versehentlich überfahrenen alten Mann (FL 97). Die Rahmenhandlung vermeintlich nie enden wollender Partys scheint dagegen jedoch zu stagnieren. „Die Suche nach einem einheitlichen Sinn" und annähernder Ordnung, die man dem Ich eventuell unterstellen könnte – um der Thematik des Bildungsromans gerecht zu werden – wird im Grunde durch derlei „Exzesse [wieder] substituiert" und „Lust und Selbstzerstörung sind [so] nah beieinander", dass eigentlich nicht an eine geordnete Einheit zu denken ist (Lettow 2001, S.290). Doch auf Grund dessen, dass das Ich jede Party stets am chaotischsten Moment verlässt, erscheint seine Reise in gewisser Weise als eine Art Flucht vor dem Chaos und somit doch wieder als „Suche nach dem nächsten Ort, an dem vielleicht doch noch alles gut wird" und der Protagonist endlich Ruhe und Ordnung finden kann (Ebd. S.291). In jenem als Teufelskreis erscheinenden Debakel einer „idealisierten Welt der Vergangenheit und Kindheit", deren Realität gänzlich gegenläufig zu verlaufen scheint und in der die Reise – bzw. Suche – des Erzählers alles oder nichts zu sein scheint, findet der Protagonist am Ende des Romans außerhalb von Deutschland und der endlosen Partyszenerie Ruhe in der Schweiz (Ebd.):

> „In Deutschland wäre das alles viel schlimmer. Hier in der Schweiz macht es nicht so viel aus. Ich denke daran, daß [!] die Schweiz so ein großes Nivellier-Land ist, ein teil Deutschlands, in dem alles nicht so schlimm ist. Vielleicht sollte ich hier wohnen, denke ich. Die Menschen sind auch auf eine ganz bestimmte Art attraktiver. […] Alles erscheint mir hier ehrlicher und klarer und vor allem offensichtlicher. Vielleicht ist die Schweiz ja eine Lösung für alles" (FL 157).

Des Weiteren ist es wie bereits betont eine typische Gegebenheit des Bildungsromans, dass der Protagonist auf seinem Weg insofern seine Krux trägt, als er bei seinen Stationen divergente Obliegenheiten und Problematiken bewältigen muss und so die Möglichkeit hat, Erfahrungen zu sammeln. Sucht man nach Aufgaben und Herausforderungen in *Faserland,* so ließe sich als solche bspw. vielleicht die durchgehende Konfrontation mit Drogenmissbrauch nennen, da der Erzähler diesen gegenüber offensichtlich abgeneigt ist, auch wenn seine Lösung der Aufgabe in diesem Sinne jedes Mal in der Flucht besteht:

„Während […] er die ganze Zeit redet, nimmt er so ein kleines silbernes Röhrchen und fährt damit mitten in den Kokshaufen rein und zieht sich eine ganze Menge in die Nase. Dann zieht er die Nase hoch und grinst und hält mir das Röhrchen hin. Ich stehe auf uns sage nein, danke. […] Ich sage, es täte mir leid, ich würde prinzipiell keine Drogen nehmen, und ich müsste jetzt nach unten gehen, da würde jemand auf mich warten, und dann greift Eugen vorne an meinen Hosenbund und legt seine andere Hand auf meinen Hintern" (FL 107).

Bereits der letzte Satz signalisiert, dass das Ich im Grunde eigentlich auf der Suche nach Halt zu sein scheint, diesen jedoch nicht findet.

Eine weitere Obliegenheit, mit der sich das Ich in *Faserland* im Laufe des Romans konfrontiert sieht, sind soziale Kontakte an sich: Der Erzähler berichtet zwar von seinen „Freunden", doch wahrt er stets eine gewisse Distanz, Kommunikationen misslingen, so bspw. kurz vor dem Suizid Rollos, als er zwar dessen depressive Stimmung bemerkt, sich jedoch von seinem angeblichen Freund abwendet (Vgl.: FL 151). Die in diesem Sinne so angelegte implizite „Suche nach Kommunikation und menschlichen Beziehungen" und damit zusammenhängend immer auch „nach Identität und bleibenden Werten" kulminiert jeweils im „Scheitern sämtlicher Beziehungen", obwohl gerade dies als „Handlungsimpuls, der die Geschichte vorantreibt" und den Erzähler jeweils wieder zum Aufbruch veranlasst, fungiert, wobei sich auch hier eine gewisse „Teufelskreis"-Thematik finden lässt (Lettow 2001, S.287).

Mit der Reisemotivik einher geht auch der zwischenzeitliche Einschub von Landschaftsbeschreibungen – bzw. der Umwelt – und den damit verbundenen Eindrücken des Ich (Sahbi 1981, S.11), z.B.:

„Hamburg ist eigentlich ganz in Ordnung […]. Es ist weitläufig und ziemlich grün, es gibt ein paar gute Restaurants, noch mehr gute Bars, und die Hamburger Mädchen sind alle ganz hübsch, ich meine, die richtigen Hamburger Mädchen, blond und so, mit Pferdeschwanz, großem Gebiß [!] und Segelschein […] Außerdem ist das Licht schön in Hamburg, wenn man die Elbchaussee langfährt, im Sommer" (FL 30).

Zu beachten ist hier der recht umgangssprachliche Gestus der Beschreibung, der *Faserland* wiederum vom eigentlichen Bildungsroman abhebt. Zudem ist hier interessant, dass jene Szene eine Erinnerung an Nigel und Demonstrationen auslöst:

„Obgleich, wenn ich es mir überlege, hätte ich gerne mit ihm geredet und ihm gesagt, daß [!] ich auch auf Demonstrationen gehe […]. Es gibt nämlich nichts besseres als den Moment, in dem die Polizei sich überlegt, loszuschlagen, weil wieder ein paar Flaschen geflogen sind, und dann gibt es einen Adrenalinrausch bei der Polizei und auch einen bei den Demonstranten, und dann rennt die Polizei los, eine Leuchtspurrakete fliegt über die Straße, und ein paar Flaschen fliegen hinterher, und dann stolpert ein Demonstrant, irgend so ein armes Schwein, der sich die Schnürsenkel […] nicht gescheit zugebunden hat, und dann fallen ungefähr achtzig Polizisten über den her und prügeln auf ihn ein. Davon gibt es dann Fotos in der Zeitung, und dann wird wieder diskutiert, ob die Polizei zu gewalttätig ist" (FL 31).

Hier wird bereits deutlich, dass selbst eine einfache Beschreibung der Umgebung durch dadurch ausgelöste Erinnerungssequenzen o.Ä. negativ konnotiert sind, sowie auch der gesamte Roman die pessimistische Grundhaltung des Protagonisten widerspiegelt.

Auch in Krachts Roman *1979* findet sich das Motiv der Reise. Der Protagonist des Romans begibt sich zusammen mit seinem Lebensgefährten Christopher für eine Urlaubs- und Bildungsreise nach Teheran. Im Vergleich zu *Faserland* zeigen sich hier jedoch einige Divergenzen im Aufbau der Reise. Während sich der Erzähler in *Faserland* auf einer ziellosen und zugleich dennoch gewisser Maßen gerichteten Reise befindet (s.o.), scheint das Ziel der Reise in *1979* klar, da es dem Erzähler und Christopher zunächst lediglich um Vergnügung geht, weshalb der Anfang des Romans ebenso wie *Faserland* von Party-Szenen mit Alkohol- und Drogenexzessen geprägt ist (Vgl.: 1979 Kapitel 1/2). Erst nach Christophers Tod (1979 S.65) irrt der Protagonist scheinbar ziellos durch das unruhige Teheran, bis er beschließt, seine Reise fortzusetzen um in Tibet „die Sünden eines gesamten Lebens rein" zu waschen und so das „Gleichgewicht wiederherzustellen" (1979 S.117). Das Motiv der Suche nach einem höher gestellten Sinn, vielleicht dem Sinn des Lebens findet sich somit auch in *1979*.

Zwar findet der Erzähler in *Faserland* in der Schweiz im Grunde auch die gesuchte Ruhe vor der dauernden Party-Szenerie Deutschlands, doch ist er auch am Ende immer noch allein und jegliche Beziehungen und Kommunikationen sind gescheitert; auch lässt das (recht) offene Ende auf dem See viel Spielraum für eine Interpretation hinsichtlich des eventuellen Todes des Protagonisten. In diesem Sinne lässt sich bei *Faserland* also keinesfalls von einer ideellen Zielerreichung am Ende der Reise sprechen, die Züge des Romans scheinen eher dystopisch angelegt.

1979 endet dagegen mit der Inhaftierung des Erzählers in einem Gefangenenlager, doch ist dieser dort glücklich und hat für sich Frieden gefunden, er ist quasi von seinem früheren Leben und seinen ehemaligen Idealen und Wertvorstellungen „geheilt", wodurch hier das eigentliche Ziel einer Lebensaufgabe und der Besserung – im Gegensatz zu *Faserland* – explizit genannt wird, auch wenn es sich erst im Laufe des Romans herauskristallisiert (Vgl.: Spiegel 2001):

> „Wir waren verschwunden, es gab uns nicht mehr, wir hatten uns aufgelöst.[...] Ich wog nur noch halb so viel wie früher, ich hatte sehr viel abgenommen, bei einem Arztbesuch wurde ich gewogen, 38 Kilo stand auf der weißen Keramikwaage. Ich müsse nun kein Blut mehr geben, ich sei viel zu dünn und schwach, sagte der Arzt, aber ich tat es trotzdem, freiwillig. [...] Ich war ein guter Gefangener, Ich habe immer versucht, mich an die Regeln zu halten. Ich habe mich gebessert" (1979 S.181ff).

Bereits während seiner Reise zum Berg erlebt der Erzähler „kurze Momente der [hier eigentlich erfahrenen] Reinheit und Stille", die auch der Protagonist in *Faserland* – zumindest in den Fluchtmomenten seiner Kindheitserinnerungen – erlebt (Glawion/ Nover 2009, S.114). Die Auslöschung der Individualität im Lager stellt jene Besserung dar, nach der es den Erzähler letztlich verlangt, er scheint gleichsam eine Art Erziehung durch eine höher gestellte Instanz anzustreben, sodass er selbst die Verantwortung abgeben kann.

Abgesehen davon differenziert sich der Roman auch durch die Art der Reise von *Faserland*: Während der Protagonist in *Faserland* mit dem Zug fährt oder einzelne Etappen fliegt, das Taxi nimmt oder einen Wagen entwendet, ist die Reise in *1979* eher „eine Art 'downgrading'", denn nachdem das Ich anfänglich von der Flugzeug-Anreise der beiden berichtet, setzt er am Ende seine Reise in Tibet nur noch zu Fuß fort; der Erzähler macht eine offensichtliche Veränderung durch, wie es im Verlauf der Reise (bspw. hinsichtlich der Identität; s. nachfolgendes Kapitel) auch ein typischer Bestandteil von Pop- und Bildungsromanen ist (Vilas-Boas 2007).
Des Weiteren ist zu beachten, dass sich auch das bereits aus *Faserland* bekannte Motiv von Reflexionssequenzen und Kindheitserinnerungen ebenso in *1979* findet, wobei es hier jedoch längst nicht so starken Anklang findet (Vgl.: Glawion/Nover 2009, S.112).

Alles in Allem sind die Figuren Krachts – ob bewusst oder nicht, ob explizit oder implizit – auf der Suche und lassen „sich durch den Roman treiben", wobei es im Grunde genommen „unwichtig ist, wohin die Reise tatsächlich geht" (Frank 2015, S.173). Der Topos einer „Suche nach dem Sinn des Lebens, die sich in Bewegungsmustern wie dem […] Fahren […] manifestiert" ist somit – zumindest ansatzweise – auch bei Kracht zu finden (Ebd.), wobei zu beachten ist, dass sich jene Suche bei Kracht auch als Flucht interpretieren ließe, als Versuch, „auf einem mehr oder weniger erfolgreichen Weg der bodenlosen Sinnentleertheit ihres Daseins zu entgehen" (Laage 2009). Durch die integrierten Erinnerungssequenzen (s. nachfolgendes Kapitel) werden die „latent[en] Strukturen" einer „Idee der Parallelität der Welt" gleichsam zum ästhetischen Prinzip einer Art Parallelwelt, die als Rückzugsort dient (Jahrhaus 2009, S.16).

Auch bei Herrndorf findet sich das Prinzip des reisenden Erzählers, so durchstreift auch der Protagonist in *In Plüschgewittern* scheinbar ziellos die Gegend, beginnend mit einem Besuch bei seinem Bruder und der schwerkranken Großmutter, begibt er sich ansonsten wohin ihm der Sinn steht, d.h. *In Plüschgewittern* greift die *Flaneur*-Motivik Krachts auf: Auch hier scheint der Erzähler einerseits kein festes Ziel vor Augen zu haben und andererseits auf der Suche nach Ordnung und einem (höhergestellten) Sinn zu sein. Überhaupt erinnert die gesamte Romanstruktur an *Faserland*, das Ich zieht von Party zu Party, hält es nirgends lange aus und verweilt stets in seiner Distanz zu anderen Menschen, auch ihm fallen gelingende Beziehungen und Kommunikation schwer:

> „Gequält lächelt Erika mich an. Sie sagt, dass das typisch ist für mich und dass das daran liegt, dass ich einfach nicht zuhöre. Dass sie sich fragt, wie es überhaupt jemals jemand mit mir ausgehalten hat. Es sei nämlich nicht zum Aushalten, nie gewesen. Sie fragt nach unserer ersten Begegnung, und ich erzähle so einen Scheiß. [...] Wir gehen langsam zum Parkplatz zurück. Als wir über die Leitplanke steigen, scheue ich mich noch einmal um. [...] Erika schließt die Beifahrertür auf. Ich hole meinen Rucksack aus dem Laster und die Zigaretten. [...] Ich hasse diesen Quatsch. Aber ich will auch nicht, dass sie ihren Gesichtsausdruck noch einmal eine Stunde lang in Worte fasst, und deshalb sage ich nichts dazu. Ich sage so etwas Ähnliches wie: 'Meld dich mal', und sie schließt die Autotür mit einer müden, eleganten Bewegung" (PG 16f).

Zudem finden sich auch hier mannigfache Einschübe von Kindheitserinnerungen, die durch die banalsten Gegebenheiten ausgelöst werden und auch hier dem Erzähler als eine Art Zufluchtsort zu dienen scheinen. Jene Sequenzen lassen sich zusätzlich auch als ein Hinweis auf „Vereinsamung und Entfremdung" des Protagonisten „in einer Umwelt, der er [vermeintlich] ständig zu entkommen versucht", interpretieren, was die Distanziertheit desselbigen noch einmal hervorhebt (Sahbi 1981, S.05). In diesem Sinne stellen die bereits erwähnten Anforderungen im Laufe der Reise eine Konfrontation und „Auseinandersetzung mit den Konventionen des Alltags" dar (Ebd., S.06).

Auf Grundlage der bisher erwähnten Gegebenheiten bei Kracht und Herrndorf könnte man ebenso meinen, dass die Reise entweder nach innen, „in die eigene Läuterung, oder nach außen in die Verstrickungen mit den Verlockungen und Gefahren der Welt" geht, wobei hier auch die Nicht-Erreichung eines Ziels, gleichsam eine dystopisch gehaltene Suche, denkbar wäre (Fisch 2001).

Weiterhin ist zu beachten, dass das stete Reisen und Nicht-zur-Ruhe-Kommen auch als ein „bewußtes [!] Sich-Absetzen" gesehen werden kann, flüchten Krachts und auch Herrndorfs Figuren doch vor Beziehungen jeglicher Art und halten an ihrer Distanziertheit fest (Cosentino 1999, S.02).

Auch in *Diesseits des Van-Allen-Gürtels* findet sich die Motivik des Reisens, wenn auch hauptsächlich in den ersten beiden Erzählungen. In *Der Weg des Soldaten* ist der Protagonist sich zwar auch nicht sicher, warum genau er die Reise antritt, doch ist hier das Ziel (Italien) von vorneherein klar und es ist – im Gegensatz zu den bisher analysierten Werken – eine gerichtete und scheinbar strukturierte, zumindest geplante Tour. Zudem reist hier der Erzähler nicht allein und weist nicht jene Affinität zur Distanzierung wie die anderen Figuren auf. Auch die Reise in *Blume von Tsingtao* ist unter dem Ober-Begriff *Weltreise* im Grunde auch eine zielgerichtete. Zwar scheint die Reise wenig strukturiert, allerdings mit dem übergeordneten Ziel, möglichst viel zu entdecken. Interessant ist, dass auch hier Erinnerungssequenzen eine Rolle spielen, diese jedoch nicht als (eine Art) Zufluchtsort fungieren. So gesehen kann das Motiv der Reise in diesen beiden Erzählungen eher als Zeitvertreib mangels Alternative (*Der Weg des Soldaten*) bzw. als Flucht vor der Polizei (*Blume von Tsingtao*) denn als Suche nach einem übergeordneten Sinn gesehen werden. Diesen scheinen jedoch die Figuren der letzten Erzählungen aus *Diesseits des Van-Allen-Gürtels* zu suchen, jedoch ohne sich dabei auf Reisen zu begeben. Jedoch spielt auch hierbei die Ferne eine bedeutende Rolle, so blickt bspw. der Protagonist aus *Diesseits des Van-Allen-Gürtels* „in extraterrestrische Fernen" und wird „von einem bangen Gefühl ob der Größe und Unergründlichkeit des Universums erfasst" (Frank 2015, S.175).

Eben jene Suche nach dem Sinn des Lebens ist nicht nur ein i.d.R. mit der Reise-Motivik verbundener Hauptbestandteil sowohl des Bildungsromans als auch der Pop-Literatur, sondern zudem auch ein „zentraler Topos, der eine [Art] Verbindung zwischen allen Texten" erkennen lässt (Ebd., S.177). Die Reise an sich stellt folglich sowohl im Bildungs- als auch im Pop-Roman eine „Suchbewegung" dar, mit Hilfe derer das Ich sein Ziel – oder „zumindest eine Richtung" – in einer durch die „Überfülle von Möglichkeiten" chaotischen, modernen Welt finden soll (Gutjahr 2007, S.49).
Alles in Allem stellt das Motiv der Reise in der Literatur ein „erzählerische[s] Element" dar und ist als „Handlungssubstrat" Hauptantrieb der jeweiligen Geschichte (Jahrhaus 2009, S.13).

4.3. Identitätsbildung, Selbstfindung und Erinnerungskult

Zunächst sei angemerkt, dass der Identitätsbegriff in der Literatur beinahe ebenso unein-heitlich gefasst wird wie der des Pop. Wenn nun im Folgenden von *Identität* die Rede ist, dann ist der Begriff im Sinne einer Definition Straubs zu verstehen, der Identität im Grunde als das eng mit dem Charakter verbundene Selbst eines Individuums sieht, dauerhaft unvollständig und zugleich stetig angestrebt (Vgl.: Straub 2011, S.280). Identität als Prozess und nicht als Sache versteht sich so gesehen als „ein Werden, kein Sein", d.h. in gewisser Weise als Expression „eines Selbst in einem Prozeß [!]", der durch alles und jeden beeinflusst werden kann, wodurch Frith Identität gleichermaßen als „Gegenstand von Ethik und Ästhetik" sieht (Frith 2013, S.202).

Die Frage nach der Identität „stellt sich just dann, wenn noch nicht [...] klar ist, wer jemand ist und sein will"; beantwortet ist die Frage erst dann, „wenn man begreift, was für den Betreffenden von ausschlaggebender Bedeutung ist", denn im Allgemeinen wird „Identität durch die[jenigen] Bedingungen und Identifikationen", die den Horizont bilden, innerhalb dessen ein Individuum „von Fall zu Fall zu bestimmen versuchen kann, was gut oder wertvoll ist oder was getan werden sollte", definiert (Straub 1994, S.09f). Dabei ist jedoch zu beachten, dass diejenigen Werte, die *Identität* konkret prägen, jeweils divergieren. I.d.R. sind es Werte, an Hand derer wir persönliche Maßstäbe konstruieren und unsere Entscheidungen beurteilen (Vgl.: Ebd., S.12f). Die „Beschäftigung [...] mit weltanschaulichen Fragen" bildet „ein moralisches Bewußtsein [!]" während des Entwicklungsprozesses, was ein Hauptcharakteristikum des klassischen Bildungsromans und wesentlicher Bestandteil der Identitätsentwicklung des Protagonisten ist (Tiefenbacher 1982, S.112). Da jene Ideale unser moralisch geprägtes „System von Maximen" im Laufe der Zeit modifizieren können, ist natürlich auch Identität an sich kein starrer Begriff mit invariabler Komponente, sondern ebenfalls entwicklungsfähig, wobei divergente Faktoren eine Rolle spielen (Straub 1994, S.18). Zudem ist zu beachten, dass auch unsere „Prinzipien und Moralvorstellungen [...] durch bestimmte Erfahrungen und Erlebnisse begründet" werden und sich so ebenfalls wandeln (Spoden 2006, S.194). Straub weist in diesem Zusammenhang darauf hin, dass Identität gerade deshalb mehr oder minder als etwas noch Unvollendetes, beeinflusst von changierenden Aspekten, zu verstehen ist (Straub 2000, S.169-174). Identität ist also nicht als ein reifizierbarer Sachverhalt zu verstehen, sondern eher als ein „Konstrukt", d.h. als ein lediglich „vorläufiges Resultat einer lebenslangen Entwicklung" (Straub 2011, S.279). Das Individuum entwickelt sich dabei v.a. durch das (Nach-)Erzählen der eigenen Geschichte, wodurch eine stete Sequenz der Selbstreflexion mit einhergeht (Vgl.: Straub 2000, S.172).

Das im vorherigen Kapitel behandelte Motiv des Reisens hat im Hinblick auf die Identitätsentwicklung „die Bedeutung des Verortens und Sich-Zuordnens" in der Welt (Frank 2015, S.165), d.h. es ist im Allgemeinen „ein wesentlicher Teil des menschlichen Da-

seins", da die Reise es dem Individuum ermöglicht, sich selbst zu finden und kennenzu-
lernen, wodurch sie „den Charakter des Menschlichen" offenbart (Fisch 2001). Grob
betrachtet könnte die Reise an sich in gewisser Weise gleichsam als Suche nach der
eigenen Identität verstanden werden, egal ob implizit oder explizit. Indem der
Protagonist seine eigene Existenz hinterfragt „und sich ihrer jeweiligen Besonderheiten,
Schwächen wie Stärken" bewusst wird, kommt er mit seiner „Suche vorwärts" (Tschirner 1989, S.133). Durch die Orte und Menschen, die dem Individuum begegnen, wird es
ständig mit neuen Gegebenheiten, mit dem „Anderen" und Fremden konfrontiert und
kann so seinen Erfahrungshorizont erweitern und so zu sowohl Selbst- als auch
Welterkenntnis gelangen (Fisch 2001).

Das bereits Bekannte und Eigene, d.h. das, was uns vertraut ist, wird uns meist „erst
dadurch wirklich bewusst, dass wir Fremden begegnen oder andere uns spüren lassen",
dass für uns selbstverständliche Gegebenheiten für sie eventuell befremdlich scheinen
(Spoden 2006, S.193). Der Mensch an sich bildet „Vorstellungen von sich selbst, von
der Welt" und von den Situationen, in denen er sich befindet (Vgl.: Straub/Weidemann
2015, S.31). Bei der Konfrontation mit neuen Gegebenheiten können sich diese
Vorstellungen ändern oder gar gänzlich durch neue ersetzt werden. In diesem Sinne
fungiert das Fremde und Neue „als eine Herausforderung des Eigenen", gegenüber der
das Individuum sich nicht verschließen darf, sondern an der es die Möglichkeit hat zu
wachsen und sich weiter zu entwickeln (Straub 2011, S.282).

So sehen sich auch Krachts Figuren mit dem Fremden bzw. Anderen konfrontiert. Das
Ich in *Faserland* begegnet auf seiner Party-Tour bspw. etlichen Drogenkonsumenten.
Für ihn selbst stellt dies bis dato noch unbekanntes Neuland dar, auch berichtet er, dass
er Drogen im Grunde eher abgeneigt gegenüber steht. Dennoch lässt er sich von seinem
Freund Nigel zum Konsum überreden und sammelt so neue Erfahrungen:

> „[...] als Nigel aus seinem Tütchen eine Pille nimmt und sie mir in die Hand drückt, denke ich: Na ja, ich
> kann das ja mal versuchen. Ich weiß auch nicht, warum ich das mache, denn im Grunde finde ich Drogen
> absolut widerlich, aber ich stecke mir das Ding in den Mund [...] und spüle es mit einem großen Schluck
> Prosecco aus der Flasche runter, obwohl das sonst so gar nicht meine Art ist, aus der Flasche zu trinken,
> meine ich. [...] Ich trinke noch einen Schluck, und Nigel und die anderen beiden klatschen in die Hände
> und zwinkern mir zu" (FL 43).

Im weiteren Verlauf dieser Szene wird ebenfalls deutlich, dass das Ich sich vor die
Herausforderung gestellt sieht – zumindest seiner eigenen Auffassung nach – sich dem
„schwulen Getue", wie er es bezeichnet, „anzupassen", obwohl er es „affig" findet (FL
44).

Auch der Erzähler in *1979* sieht sich mit neuartigen Herausforderungen konfrontiert, wobei sich hier zwei große Herausforderungen herauskristallisieren lassen: Zum Einen der plötzliche Tod seines Lebensgefährten Christopher, wodurch sich das Ich in einer neuen Lebenssituation befindet und diese bewältigen muss:

> „Irgendwann in der Nacht starb er. Sein Mund war geöffnet, ich versuchte, ihn zu schließen, aber es gelang mir nicht. Er lag da, bleich, mit offenem Mund, und ich fühlte eine Zartheit in ihr aufsteigen, die ich seit vielen Jahren ihm gegenüber nicht mehr gekannt hatte. […] Ich hatte mir alles anders gewünscht […]. Und nicht diesen eingefallenen Papiersack, der vor mir auf dem Laken mit nicht wieder verschließbarem Mund in diesem Höllenkrankenhaus in Teheran lag. Nicht diese Hülle, etwas anderes, es war so wenig schick. […] Ich sah mir meine Hände an. Und ich dachte: […] Wo ist alles hin? Warum geht alles so schnell? Wo sind die Jahre hin? […] Was ist es, das Leben? Und wie wird es besser? […] Ich will so nicht mehr weiterleben, dachte ich, so nicht. Irgend etwas muß [!] sich ändern" (1979, S.77ff).

Hier wird deutlich, dass der Erzähler beginnt, die Welt zu hinterfragen und sich schließlich bewusst zu einer Veränderung seines bisherigen Lebens entschließt. Dies führt im weiteren Verlauf des Romans ebenfalls zu einer transformierten Identität des Erzählers, wie am Ende des Romans mit der Darstellung eines in der Melioration den Seelenfrieden gefundenen Ichs deutlich wird.

Die zweite große Herausforderung in *1979* stellt zum Anderen die Pilgerfahrt zum heiligen Berg in Tibet dar, da die Besteigung des Selbigen mit zahlreichen Komplikationen verbunden ist, wovon der Erzähler sich jedoch nicht ablenken lässt, sondern dies als ideale neue Lebensaufgabe empfindet (1979, S.146) und in diesem Sinne für sich (vielleicht sogar) einen Sinn des Lebens gefunden zu haben scheint.

Ebenso sehen sich auch Herrndorfs Figuren mit zahlreichen Herausforderungen konfrontiert: In *Diesseits des Van-Allen-Gürtels* muss das Ich aus *Der Weg des Soldaten* bspw. einen Weg finden, nach Hause zurückzukommen, nachdem er „ausgesetzt" wird (VAG 36ff), der Pfleger Hendrik ist auf der Flucht vor der Polizei (VAG 63f), Georg aus *Im Oderbruch* wurde das Auto gestohlen (VAG 69ff).

Für das Ich in *In Plüschgewittern* ist gleichsam die Gesellschaft an sich bereits als zu meisternde Herausforderung zu verstehen, wie durch den rückblickenden Bericht seines Bruders deutlich wird; der Erzähler scheint nicht zu wissen, was er will und vom Leben erwartet und scheint gänzlich ziellos. Insofern ließe sich vielleicht auch die Findung einer möglichen Lebensaufgabe bereits schon als Aufgabe interpretieren.

Zudem können verschiedene Erfahrungen und Erlebnisse Erinnerungen auslösen und so auch „innere Differenzerfahrungen" begründen, wodurch sich auch Prinzipien und

Moralvorstellungen des Ich wandeln können (Spoden 2006, S.194). Dies ist auch ein wesentlicher Bestandteil von Bildungsromanen: Wie bereits erwähnt thematisiert der „klassische" Bildungsroman den Bildungs- und Werdegang eines Menschen im Besonderen und damit verbunden auch seine Identitätsbildung und -Entwicklung; der Pop-Roman erweitert diese Gegebenheit um die Thematik einer misslingenden bzw. noch nicht gelungenen „Ich-Findung" (Gansel 2003, S.241). Ebenfalls ist zu beachten, dass die Literatur des Pop keine adoleszente Identitätssuche im Sinne eines klassischen Bildungsromans abbildet, sondern hier vom Ich-Erzähler v.a. auch auf eventuelle Defizite des eigenen Ich hingewiesen wird, d.h. es geht hier nicht nur um die Darstellung einer Identitäts-Entwicklung, sondern v.a. auch um die mit der Identität verbundenen und – typisch Pop – tabulos geschilderten Negativ-Charakteristika (Vgl.: Ebd., 245).

Die Begebenheit der Identitätssuche geht dabei sowohl im Bildungs- als auch im Pop-Roman eng mit dem Motiv des Reisens einher. „Die Figur befindet sich auf einer Lebensfahrt" und durch die Begegnung mit eben jenen neuen und anderen Dingen und Menschen „entwickelt [sie] eine vorbildliche Haltung zum Mitmenschen", lernt Toleranz und „gewinnt [einen] Einblick in das Weltgeschehen" (Fisch 2001). In diesem Sinne dient die Reise quasi „der Selbstforschung" und „der Ortung der eigenen Identität" durch ein „Sich-Öffnen der Vielfalt gegenüber" (Cosentino 1999, S.03f). Dabei ist zu beachten, dass auch die Erzählung den Leser durchgehend daran erinnert, dass die Identitäts-Konstruktion des Ich „eine stets fragile und beständig zu reproduzierende Synthese des Differenten und Heterogenen ist (Straub 2000, S.174).

Auch die Figuren bei Kracht und Herrndorf werden mit zahlreichen fremden Gegebenheiten konfrontiert. So ist das Ich in *1979* bspw. schockiert von den inhumanen Verhältnissen eines Teheraner Hospitals (1979, S.74ff) und den Missständen in Teheran allgemein (1979, S.71), schlichtweg von der Umwelt einer anderen Kultur. Dennoch ist der Erzähler gezwungen sich dieser gegenüber zumindest insoweit zu öffnen, als er dort überleben kann wie bspw. im Gefangenenlager am Ende des Romans:

> „Mir war meine eigene Aufsässigkeit zuwider. Schließlich hatten sie nur ihre Pflicht getan – ich war unerlaubt, ohne Visum, sogar ohne Paß tief in chinesisches Gebiet eingedrungen. [...] Mit der Zeit lernte ich, die richtige Antwort auf die Anfangsfrage zu geben. [...] Ich lernte zuzugeben, daß [!] ich zu den Ausbeutern gehörte, daß [!] ich ein Parasit sei, daß [!] ich gleichzeitig selbst aber auch ausgebeutet wurde und es deshalb für mich immer die Möglichkeit gab, mich zu bessern" (1979, S.153-159).

Auch der Pfleger Hendrik in *Blume von Tsingtao* aus *Diesseits des Van-Allen-Gürtels* muss sich während seiner Flucht mit den kulturellen Gegebenheiten Asiens auseinandersetzen (VAG 51ff) und das Ich in *In Plüschgewittern* macht auf seiner Party-Tour durch Hamburg neben vielen neuen Bekanntschaften auch zahlreiche damit verbundene neue Erfahrungen, so gleicht sein Verhältnis zu Ines bspw. keiner seiner bisherigen Erfahrungen mit Frauen, dennoch scheitert auch diese „Beziehung" (PG 99). Hier zeigt sich, dass im Bildungsprozess – oder besser der Identitätsentwicklung – die Konfrontation mit „Pluralität" (bzgl. Menschen, Umwelt, etc.) bedeutsam ist (Ebd., S.178). Das Zusammentreffen mit dem Fremden, mit jenen andersartigen und neuen Dingen, ist so gesehen eine Herausforderung, an welcher sich Identität entwickeln und entfalten kann (Straub 2011, S.282). Zu beachten ist hierbei, dass der Begriff *Pluralität* in diesem Zusammenhang als Auffassung der Postmoderne, die diejenigen Gegebenheiten zusammenfasst, durch welche moderne Lebensverhältnisse im Wesentlichen bestimmt sind, zu verstehen ist, wobei Pluralität nicht nur zwischen Kulturen, sondern auch intern existiert, was v.a. in der Pop-Literatur deutlich wird (Vgl.: Straub 2000, S.177).

Ebenso ist zu beachten, dass bei der Ausbildung bzw. Entwicklung von Identität v.a. auch der Vorgang der Erinnerung eine wichtige Rolle spielt, da der Prozess der individuellen Erinnerung „die Methode sich selbst zu identifizieren, indem man von der persönlichen Geschichte erzählt", einerseits Selbstreflexion erfordert und so andererseits Selbsterkenntnis ermöglicht (Gergen 1998, S.190). Einerseits ermöglichen solche Einblicke in die Vergangenheit dem Leser eine genauere Vorstellung des Erzählers, andererseits ist sie ebenfalls – wenn auch implizit – Konstruktions-Bestandteil in „gegenwartsgeleiteten Identitätsbedürfnissen", d.h. im Prozess der Identitätsentwicklung stellt die Gegenwart des Individuums denjenigen Fixpunkt dar, „von dem aus [die] Vergangenheit jederzeit aktuell und individuell (re-)konstruiert und [in Form und Rückblenden] in kollektive Gedächtnisentwürfe eingebettet wird" und so die Identitätsentwicklung beeinflusst (Rink 2012, S.01). Solche Erinnerungen und der Rückblick auf bereits gemachte Erfahrungen finden sich ebenfalls bei Kracht: Während seiner Reise durch Deutschland lässt der Ich-Erzähler u.a. Kindheitserinnerungen an Flugreisen („Ich erinnere mich, daß [!] ich immer furchtbar gerne geflogen bin, so mit sieben, weil ich dieses Gefühl der Wichtigkeit liebte, das die Reisenden umgab". FL 53) oder die Schule (FL 61) mit einfließen, berichtet von einem einst erhaltenen Brief seines Freundes Alexander (FL 71) oder vom Familienurlaub auf Madeira (FL 92f). Ausgelöst werden diese Sequenzen durch verschiedene Begegnungen, die der Erzähler zwar nennt aber zeitgleich meist immer erwähnt, dass es im Grunde nicht allzu wichtige Gegebenheiten seien, sie ihm lediglich einfach eingefallen seien (FL 94). Man könnte hier interpretieren, dass solche scheinbar marginalen Assoziationen als Ergänzung der Beschreibung von Impressionen und Umwelteinflüssen fungieren, „um der zugrunde liegenden Sehnsucht nach einer eigenen Daseins- bzw. Persönlichkeitsform Gestalt geben zu können", d.h. es ließe sich hier interpretieren, dass sie das Motiv einer „Suche nach Einfachheit sowie Ruhe" verdeutlichen, denn *Faserland* demonstriert die Schwierigkeit innerhalb einer modernen Konsumgesellschaft stabile Identitätsstrukturen und Selbstwert- oder auch Heimatgefühle zu entwickeln, da das Individuum von sich ewig ändernden „Erwartungshaltungen, Rollenmustern, Sinnangeboten sowie Lebensentwürfen" umgeben ist (Hasbach 2010, S.57-69). Auch in *1979* finden sich einige Sequenzen der Erinnerung, von denen sich der überwiegende Teil auf das frühere Leben des Protagonisten mit seinem Lebensgefährten Christopher bezieht (z.B. 1979 S.55).

Alles in allem dienen diese Passagen in *1979* dem Leser als Hilfestellung zur Rekonstruktion der Beziehung zwischen Christopher und dem Erzähler, da der Leser nur durch rückblickende Berichte um deren eigentlichen Status bzw. den Grund für den Selbigen erfährt. Des Weiteren zieht das Ich in *1979* Erinnerungen dieser Art im zweiten Teil des Romans als Vergleich seiner neuen Lebensführung mit seinem vorherigen Leben heran, wodurch dem Leser noch einmal die erfahrene Identitätsentwicklung verdeutlicht wird (z.B. 1979 S.166).

Auch bei Herrndorf finden sich solche Einschübe, v.a. in *In Plüschgewittern* neigt das Ich ebenso wie der Erzähler aus *Faserland* oft zu Kindheits-Berichten, die dem Leser verdeutlichen, inwieweit sich die Figur des Erzählers von seiner „früheren Identität" unterscheidet bzw. inwieweit er sich weiterentwickelt hat. So berichtet der Erzähler bspw. von Ausflügen mit seinem Kindheitsfreund Malte Lipschitz (PG 30) und von seiner Jugendliebe Anja Gabler (PG 40f).

Reflexionen wie die zahlreichen oben genannten, „meist in der Form des inneren Monologs, bilden ein [– für den Bildungsroman typisches –] retardierendes Moment" (Tschirner 1989, S.131f). Interessant ist in diesem Zusammenhang der jeweilige Sprach-Duktus: Durch die Repräsentation einer präzisen Detailliertheit der Gegenstands-Schilderung evoziert der Erzähler eine ästhetische Authentizität und legitimiert etwas, das im Grunde genommen irrelevant zu berichten scheint und gegebenenfalls sogar keinerlei Signifikanz für den weiteren Verlauf der Handlung hat, wie bspw. die Kindheitserinnerung an (fiktive) Erzählungen aus der Nazi-Zeit, die der Anblick der Sylter Dünen beim Ich aus *Faserland* evoziert (FL 17f; Vgl.: Degler 2008, S.67).

Wie bereits konstatiert sind solche Passagen ein wichtiger Bestandteil der Identitätsentwicklung und damit auch von Bildungs- und Pop-Romanen, wobei jedoch zu beachten ist, dass jene Einschübe im modernen Pop-Roman Überhand zu nehmen scheinen und sowohl fiktive als auch historisch – zumindest teilweise – reale Ereignisse beinhalten, weshalb Degler die Autoren der entsprechenden Werke als Mitglieder einer „nostalgische[n] Erinnerungsgemeinschaft" postuliert (Ebd., S.71).

Zusammenfassend ist die Suche nach Identität und die damit verbundene Ausbildung von Selbstbewusstsein durch die Konfrontation mit dem Neuen und Fremden und auch den eigenen Ängsten und Hoffnungen durch Reflexion und das Hinterfragen des eigenen Selbst im Bildungsroman sowohl als Mittel als auch als Ziel der Bildung zu verstehen (Vgl.: Tschirner 1989, S.133f). Zu beachten ist dabei, dass es für den Entwicklungsprozess im Bildungsroman von Bedeutung ist, dass die ursprüngliche Form des Selbst, die frühere Identität und das Selbstbewusstsein des Individuums „zwar korrigiert, aber nicht ausgelöscht" werden, sondern gleichsam „als eigenständige Vorstufen erhalten" bleiben, ohne die die weiterentwickelten Formen gar nicht existent wären (Ebd., S.137). Das zentrale Leitmotiv der Identitätsentwicklung im klassischen Bildungsroman kulminiert im modernen Pop-Roman dabei in der Suche des (scheinbar bereits) desillusionierten Protagonisten nach Identität innerhalb der überfordernden modernen Umwelt, wobei der Hauptfokus auf den damit einhergehenden Problematiken eines Individuums mit oftmals (latent-)pessimistischer Lebenshaltungen liegt (Hasbach 2010, S.23). Bedingt sind jene Problematiken und negative Lebenseinstellung durch die „Deontologisierung, Enttraditionalisierung, Pluralisierung, Individualisierung, Temporalisierung und Dynamisierung kontingenter Lebensverhältnisse" einer (pop-)modernen Welt, die das sich in ihr befindliche Ich stets aufs Neue zu Reflexionen und Überlegungen, wer es ist und wer es sein möchte, zwingt und so nicht zur Ruhe kommen lässt (Straub 2011, S.280). Hierin liegt eine grundlegende Divergenz zwischen Pop- und Bildungsroman: Während der klassische Bildungsroman meist mit der (utopischen) Erreichung seiner Ziele und einer – im Sinne der obigen Definition mehr oder minder – klaren Identitätsentwicklung des Ich endet, repräsentiert der Pop-Roman wesentlich deutlicher die Unabgeschlossenheit einer Identitätssuche in all ihren Facetten.

Alles in Allem zeigt besonders Krachts Debüt-Roman *Faserland* „die Antizipation einer Identität im Übergang", wobei ein „wirkliches Ich" während der Suche immer weniger greifbar scheint, „je länger die Reise [..] andauert" (Lettow 2001, S.288-293). Es ist im Grunde „die Suche nach einer modernen Identität" innerhalb eines „postmodernen Raumes" (Ebd., S.293), die in *Faserland* zwar vermeintlich scheitert, in *1979* dann in Form der „Selbstreinigung" jedoch quasi erreicht wird (Scholz 2009, S.97).

Herrndorfs *In Plüschgewittern* kann dagegen eher als „individuelle[...] Suche nach schicksalhafter, historischer Bedeutung" des Lebens und der Welt an sich denn als Identitätssuche interpretiert werden, wobei zu beachten ist, „dass der Erzähler seine seelische Ruhe und ein Gefühl des inneren Zusammenhangs mit der Welt" im letzten Kapitel, auf der Wiese an der Autobahn liegend, gefunden zu haben scheint und dies daher mit einer Identitätsfindung (im klassischen Bildungsroman) vergleichbar ist; auch die Figuren der einzelnen Erzählungen aus *Diesseits des Van-Allen-Gürtels* scheinen alle in irgendeiner Form mit der Welt im Einklang (Born 2015, S.108).

Zusammengefasst lässt sich festhalten, dass Krachts Figuren sich auf der Suche nach Identität, Herrndorfs Figuren dagegen eher auf der Suche nach dem Einklang mit der Welt zu befinden scheinen, allen gemeinsam ist dabei die Suche nach einem gewissen Sinn des Lebens und der Welt bzw. ein Verständnis der Selbigen.

4.4. Freundschaft, Liebe und Sex: Gendertrouble in der Adoleszenz

Ebenfalls im Bildungsroman anzutreffen und auch ein wesentlicher Bestandteil der Pop-Literatur sind Thematiken der Freundschaft, des Erwachsenwerdens und der Sexualität, die alle mit der Entwicklung von Identität korrelieren. Typische Erfahrungen sind dabei Auseinandersetzungen mit Erziehungsinstanzen, sexuelle Erfahrungen, Selbsterprobung und „auch der Kontakt zum öffentlich-politischen Leben" (Gutjahr 2007, S.46). „Dass damit nicht selten auch Enttäuschungen verbunden sind, wird geradezu als unumgänglicher" Entwicklungsfaktor gesehen (Ebd.).

Besonders die moderne Pop-Literatur ist nahezu auf die Jugendthematik fokussiert und repräsentiert ihre Figuren zumeist in einer Welt, in welcher „sie in der Regel relativ alleine und mehr oder minder selbstständig" stehen und der Leser meist nur relativ wenig über ihren familiären Hintergrund erfährt (Paulokat 2008, S.44). Zu den problemorientierten Thematiken gehören v.a. im modernen Roman auch negativ konnotierte Thematiken wie Kummer, Depression, existentielle Krisen, Entfremdung, etc. (Vgl.: Hasbach 2010, S.20). Hierbei ist zu beachten, dass Adoleszenz heute – und somit auch im modernen Roman – eher als generierter Prozess sowohl traditioneller als auch modernisierter Elemente zu verstehen ist (Vgl.: Winter 2005, S.208). So sind auch die Protagonisten der hier behandelten Werke bei Kracht und Herrndorf zuweilen junge Einzelgänger, die (mit Ausnahme einiger Figuren aus *Diesseits des Van-Allen-Gürtels*) keinem geordneten Tagesablauf mit geregelten Pflichten nachzugehen scheinen.

In der Phase der Adoleszenz bildet sich die Identität am stärksten; als Schlüsselerlebnis gelten dabei Liebe und sexuelle Erfahrungen, sie verwandeln und prägen die Identität und sind somit signifikanter Bestandteil des Entwicklungsprozesses (Paukner 1992, S.86). Von großer Signifikanz ist hierbei die Konfrontation mit der eigenen und auch mit Sexualität überhaupt, die im modernen Pop-Roman eine fast selbstverständliche und (nahezu) gänzlich enttabuisierte Rolle zu spielen scheint und als Amusement und Zeit-vertreib fungiert, „da man schon alles kennt", wodurch genuine zwischenmenschliche Kontakte und Beziehungen Gefahr laufen, verletzt zu werden, d.h. echte „innere Ver-bundenheit weicht distanzierter Oberflächlichkeit, da man nur [noch] das Äußere der Menschen" kennenlernt (Hasbach 2010, S.20f). So scheint auch der Erzähler aus *Faser-land* zu keiner tiefergehenden Relation im Stande zu sein: Nach einem flüchtigen Kuss seiner Bekannten Karin verlässt er Sylt beinahe fluchtartig (FL 23f) und auch sonst scheint er sich (außer in seinen Isabella-Rossellini-Fantasien) für keine Frau sonderlich interessieren zu können, so wie auch freundschaftliche Beziehungen oberflächlich und auf Distanz gehalten werden: Zwar bezeichnet der Erzähler seine Bekannten alle als *Freunde*, dennoch wahrt er die Distanz und bemüht sich nicht sonderlich um sie, kreidet ihnen an, was ihm selbst nicht gelingt:

> „Vielleicht mag der Nigel Partys so gerne, weil er im Grunde ein asozialer Mensch ist, Gott, das würde ich ihm nie sagen, aber irgendwie ist er nicht kommunikationsfähig, ich meine, vielleicht mag er Partys, weil das so rechtsfreie Räume sind, wo er funktionieren kann, ohne kommunizieren zu müssen" (FL 38).

Auch wenn das Ich in *1979* zwar von einer langjährigen Partnerschaft mit seinem Lebensgefährten Christopher berichtet, so ist diese keinesfalls (mehr) liebevoll, sondern im Gegenteil geprägt von Diffamie (z.B. „Fotze", 1979 S.23), Ignoranz, Abneigung und Langeweile („'Hast Du eigentlich auch noch etwas zu sagen, das in irgendeiner Weise interessant sein könnte?' […] 'Du kannst dir gar nicht vorstellen, wie sehr Du mich anödest', sagte er", 1979 S.30); sie scheinen ihre Beziehung nur noch aus Gewohnheit aufrecht zu erhalten, obwohl der Erzähler einräumt, seinen Partner noch immer zu lieben (1979 S.42), auch wenn jener dies offensichtlich nicht erwidert. Hierin findet sich eine wesentliche Divergenz zu *Faserland*: Anders als der Erzähler in *Faserland* es zu sein scheint, ist der Erzähler in *1979* offensichtlich zu echten Gefühlen fähig, dennoch scheitert seine Beziehung und er gibt sich selbst die Schuld (1979 S.48). Interessant ist auch der Wendepunkt von Christophers Tod, nach welchem das Ich bewusst alleine bleibt und darin seine Erfüllung findet, wohingegen der Protagonist in *Faserland* trotz seiner Kommunikations-Unfähigkeit dennoch zunächst stets den Kontakt zu anderen Menschen sucht, dann jedoch trotzdem von sich stößt. Auch als er am Ende in der Schweiz allein ist, scheint eben jene Ruhe für ihn auch nicht befriedigend zu sein, was der (vermutliche) Suizid am Ende mutmaßen lässt. Der Erzähler kann in diesem Sinne keinerlei Freundschaftsbild erfüllen und ist zusammengefasst in seiner „Unfähigkeit zu Nähe schlechthin" gefangen (Borgstedt 2003, S.240).

Im Großen und Ganzen scheint das gesamte Menschenbild des Erzählers aus *Faserland* gen Ende fast gänzlich ins Negative gerückt und von der pessimistischen Grundstimmung beeinflusst (worden) zu sein (Vgl.: Hasbach 2010, S.20f). *Faserland* lässt sich in diesem Sinne „als Geschichte von gescheiterten bzw. scheiternden Freundschaften des Protagonisten beschreiben" (Grabienski 2011, S.12).

Auch Herrndorfs Figuren schließen sich diesem Muster an: Während der Protagonist in *In Plüschgewittern* ebenfalls zu keiner Beziehung im Stande scheint (der Roman beginnt mit der Trennung von Erika (PG 15ff) und auch zu Ines kann er keine ernstzunehmende Beziehung aufbauen (PG 92ff), ebenso berichtet er von seiner gescheiterten ersten Liebe (PG 42ff)), er selbst bezeichnet sein Verhältnis zu Erika sogar als „Beziehungselend" (PG 12), und auch Freundschaften bleiben lediglich trivial, sogar die Relation zu seiner Familie ist äußerst angespannt (z.B. PG 23f). Auch sind die Figuren in *Diesseits des Van-Allen-Gürtels* von einer gewissen Einsamkeit und Isolation geprägt: Pfleger Hendrik ist allein auf Weltreise und hat bewusst alle Brücken hinter sich eingerissen (VAG 48), der namenlose Protagonist der ersten Erzählung sieht in seinen Mit-Reisenden lediglich flüchtige Bekannte, zumal er sie im Stillen auch verurteilt (VAG 35), die Party-Gäste in *Herrlich, diese Übersicht* interessieren sich nur nebensächlich für einander und sind hauptsächlich mit ihren eigenen Problemen beschäftigt, selbst die Beziehung einer Mutter zu ihrem Sohn ist gänzlich negativ konnotiert (VAG 108) und auch der Erzähler der titelgebenden Geschichte *Diesseits des Van-Allen-Gürtels* zeigt kein allzu großes Interesse an seiner Freundin (VAG 132, 136).

Das „Trauma" gescheiterter Liebe und Begegnungen scheint somit bei Kracht und Herrndorf „als erzählerische Standardsituation" zu gelten (Gratzke 2015, S.131).

Alles in Allem scheint die für den Bildungsroman typische Thematik der Freundschaft hier eher als Negativ-Bild repräsentiert. Zu beachten ist hierbei, dass v.a. im Zusammenhang der geschilderten Party-Szenen in allen vier Werken dennoch eine offenherzige und exzessiv tabulose Hetero-, Homo- und Bisexualität repräsentiert wird. Interessant ist dabei, dass die Erzählerinstanzen sich von diesen meist jedoch abgeschreckt fühlen (z.B. FL 106f, VAG 172).

Solche Erfahrungen sind prägnante „Prozesse der Ausgestaltung" von Identität (King/Flaake 2005, S.10), wobei auch die Thematik der Homophobie zu erwähnen ist, da das (männliche) Individuum sich in der Konfrontation mit der eigenen (und fremden) Sexualität oftmals „an tradierten Formen von Männlichkeit" orientiert und so häufig eine Abneigung gegenüber Homosexualität entwickelt (Budde 2005, S.48). Hauptursache dafür ist i.d.R. der „Druck der vorherrschenden Männlichkeitskonstrukte", da es hier oftmals vorwiegend darum geht, sich gegenüber anderen zu profilieren (Pohl 2005, S.249).

Jene Thematik ist auch in den hier behandelten Romanen zu finden: Bis auf den offenkundig schwulen Protagonisten in *1979* bestehen alle (männlichen) Figuren Krachts und Herrndorfs beinahe obstinat auf ihrer Heterosexualität, sie versuchen sich auf diese Weise beinahe krampfartig von der Homosexualität zu differenzieren, während sie zeitgleich zahlreiche homosexuelle Gegebenheiten schildern (z.B. FL 107, PG 168-172) und immer wieder betonen, dass sie selbst keineswegs schwul seien, wodurch hier eine gewisse Komik anklingt. Eben jene verbissenen Distanzierungsversuche mögen sogar schon als Homophobie erscheinen, sind doch häufig zu lesende Beschimpfungen sowohl bei Kracht als auch bei Herrndorf „Schwuchtel", „Homo" oder nur „schwul" in differenten Variationen (z.B. „Klemmschwuchtel" PG 172), so auch in *1979*, wo es sogar ein Homosexueller selbst verwendet (1979 S.39). In *In Plüschgewittern* wird zudem geschildert, dass jene Homophobie sich bereits in früher Kindheit zeigte, da der Erzähler berichtet, dass man sich auch dort schon voreinander und vor Berührungen schämte (PG 32f), was wiederum ein möglicher Grund (von vielen) für die „soziale Inkompetenz" des Protagonisten sein kann, da er durch die Zwänge eines gesellschaftlichen Stigmas nach einem bestimmten Muster zu handeln müssen glaubt (Gratzke 2015, S.134), wobei sich diese Gegebenheit beim Erzähler in einer allgemeinen „Sexualitätsfeindlichkeit", die sich im Verhalten gegenüber der erneut schwangeren Marit ausdrückt (PG 18-24), manifestiert (Born 2015, S.102).

So mühen sich die Hauptfiguren „an den Erwartungen der anderen ab", wodurch einerseits Intimität im Grunde nur noch „als eine Verschachtelung von Erwartungshorizonten" existiert und andererseits gesellschaftliche Konventionen das Ich in gewisser Weise unterdrücken, sodass es sich gezwungen fühlt, seine (eventuell) „andersartige" Sexualität verstecken zu müssen, und es so zu einer radikalen Individualisierung und Distanzierung kommt (Gratzke 2015, S.132).

Zusammengefasst repräsentieren Kracht und Herrndorf (v.a.) in *In Plüschgewittern* und *Diesseits des Van-Allen-Gürtels* mit der, auf Grund einer „missverstehenden Gesellschaft" implizierten, (exzendierten) Abneigung der Protagonisten eine so krampfhaft als latent dargestellte Homosexualität, dass jene fast schon schreiend auf sich aufmerksam zu machen scheint (Born 2015, S.102).

Das repräsentierte Sexualverhalten der Kracht'schen und Herrndorf'schen Figuren in *Faserland* und *In Plüschgewittern* ist zusammengefasst durch „Widersprüche, Unsicherheiten und Oberflächlichkeiten geprägt", die sexuelle Orientierung gewissermaßen diffus (Hasbach 2010, S.51). Durch auffällige „phallusbezogene Symboliken" und stete Titulierungen differenter Gegebenheiten als „schwul" repräsentiert sich ein „ambivalente[s] Verhältnis zur Männlichkeit", die in *Faserland* und in *In Plüschgewittern* als „Teil der dünkelhaften Selbstdarstellung des Helden", welcher durch seine „exponiert männlichen Attitüde sein verzerrtes [...] Verhalten zu Frauen, zu heterosexuellen männlichen Freunden und zu Homosexuellen zu überspielen und zu maskieren sucht", fungiert (Borgstedt 2003, S.239-243).

Während das Motiv der Homosexualität v.a. in *In Plüschgewittern* und *Faserland* einen wesentlichen Romanbestandteil ausmacht und auch in *1979* auf Grund des schwulen Protagonisten zumindest im ersten Teil des Roman (vor der Selbstaufgabe des Ich) eine repräsentative Rolle spielt, sind die Gegebenheiten in *Diesseits des Van-Allen-Gürtels* ein wenig anders: Zwar findet sich auch hier das Motiv der Homosexualität, jedoch durchzieht es nicht den gesamten Roman, explizit geschildert wird es lediglich in der ersten Erzählung in Form einer bisexuellen Dreiecksbeziehung (Franco-Mara-„Adonis" in *Der Weg des Soldaten*). Anders als bei *Faserland* und *In Plüschgewittern* scheinen die „Figuren des Schwulen, des Schwulseins und einer mann-männlichen Erotik" in *Diesseits des Van-Allen-Gürtels* randständig und haben somit nur eine „akzidentielle

Funktion" (Schäfer 2015, S.149). In *Diesseits des Van-Allen-Gürtels* ist die repräsentierte Homosexualität nur kurz, fast schon nebensächlich geschildert (z.b. VAG 182), der Gestus einer gesellschaftlichen Verkennung spielt hier nicht (so) offen mit wie in den anderen Werken.

4.5. Oberflächenkult: Markensymbolismus, Drogen und Party-Szenerie

Wie bereits analysiert findet sich das Motiv der Party-Szenerie sowohl bei Kracht als auch bei Herrndorf und ist zudem wesentlicher Bestandteil der Pop-Literatur. Hiermit einher geht die Darstellung einer allgemeinen Oberflächen-Thematik, die in einem überschwänglichen Gebrauch von Markennamen kulminiert:

Neue deutsche Pop-Literatur ist durch „Kleidung, Stil und Besitztümer sowie die dazu gehörige Marken-Welt und [auch] ihre medialen Distributionskanäle" bestimmt, wobei im Grunde allerdings nicht die Objekte selbst, sondern „ihre semiotische Aufladung durch kulturelle Zuschreibungen, die sich in den Objekten kondensieren", Relevanz erzeugt (Paulokat 2008, S.10). Signifikanter Bestandteil der Pop-Literatur ist so gesehen eine „Übercodierung der Welt" mit zusätzlichen Verweisen auf Musik, Film, Fernsehen und anderen Medien (Ebd.). So lassen sich bspw. allein schon in *Faserland* um die 70 Marken- und Produkt-Namen finden, wobei zu beachten ist, dass diese für das Verständnis des Textes im Grunde redundant sind und so problemlos weggelassen bzw. durch allgemeine Begriffe ersetzt werden könnten (Vgl.: Paulokat 2008, S.34), z.B.:

> „Also, ich stehe da bei Gosch und trinke ein Jever. Weil es ein bißchen [!] kalt ist und Westwind weht, trage ich eine Barbourjacke mit Innenfutter. […] Vorhin hab [!] ich Karin wiedergetroffen. Wir kennen uns noch aus Salem, obwohl wir damals nicht miteinander geredet haben, und ich habe sie ein paar mal im Traxx in Hamburg gesehen und im P1 in München. Karin sieht eigentlich ganz gut aus […]. Außerdem hat sie mindestens schon zwei Gläser Chablis getrunken. […] Sie trägt auch eine Barbourjacke, allerdings eine blaue" (FL 13).

Dieser Abschnitt wäre genauso gut verständlich, wenn man alle Marken- und Produkt-Namen wegließe:

> Also, ich stehe da bei einer **Fischbude** und trinke ein *Bier*. Weil es ein bißchen kalt ist und Westwind weht, trage ich eine **Jacke** mit Innenfutter. Vorhin hab ich Karin wiedergetroffen. Wir kennen uns noch aus Salem, obwohl wir damals nicht miteinander geredet haben, und ich habe sie ein paar mal **in einem Club** in Hamburg gesehen und **in einer Disco** in München. Karin sieht eigentlich ganz gut aus. Außerdem hat sie mindestens schon zwei Gläser **Weißwein** getrunken. Sie trägt auch eine **Jacke**, allerdings eine blaue.

Auch wenn ein solcher „Markenfetischismus" oftmals als bloßer Ausdruck eines „Lifestyle- Irrsinns" oder als „label cashing" einer „schnöselige[n] Schicki-Micki-Szene" kritisiert wird, so sind Markenartikel und die damit verbundene Medienwelt mittlerweile „zum wesentlichen Bestandteil der Wirklichkeit geworden" und somit nicht mehr weg zu denken (Paulokat 2008, S.36). Dennoch haben sie auch eine semantische Funktion, da der Erzähler mit Hilfe dieser für den Leser ein klares Bild seiner Umwelt entwirft. Auch ohne explizite Erwähnung ist dem Leser so bspw. klar, dass eine Figur z.b. aus wohlhabenderen Verhältnissen stammt oder sich kulturellen Gegebenheiten an-zupassen versucht, etc. Dies ist jedoch nur auf Grund dessen möglich, dass v.a. „Markennamen kulturell aufgeladen und übercodiert sind", d.h. Ihre Relevanz liegt nicht in den Objekten selbst sondern in ihrer „Aufladung durch semiotische Zuschrei-bung" (Ebd., S.38). In diesem Sinne beschäftigt sich „popmoderne Popliteratur" zwar (scheinbar) „mit Individualgeschichten", im Grunde stellt sie jedoch eine Art „Enzyklopädie […] medialer Gegenwart" dar (Ebd., S.39). Ebenso finden sich auch in *1979* einige Markennamen (z.B. 1979, S.24) – wenn auch längst nicht mehr so viele wie in *Faserland* – und auch Herrndorfs Erzähler verschließen sich diesem Kult nicht, gleichwohl der Fokus bei Herrndorf eher auf Medien als auf Labels zu liegen scheint: Der Erzähler in *In Plüschgewittern* bezieht sich auf Film und Fernsehen sowie auch auf die (Pop-)Musikszene, doch auch Theater und Literatur finden Anklang (z.B.: „[…] wie in Betty Blue oder in diesem anderen Film" (PG 53), „[…] die aussieht wie Gina Gershon in Bound" (PG 66), „Auf RTL₂ kommt gerade eine Reportage, die Exclusiv Spezial oder so heißt" (PG96), „Turgenjew, der aufgeschlagen auf ihrem Nachttisch lag" (PG 14), „Musik von einer Band, die früher mal die Lassie Singers war (PG 123)). Zwar nennt auch hier das Ich vereinzelt Markennamen (z.B.: „Jeans und Camel-Boots" (PG 23), „nicht einmal Cola gab es da, nur Tri-Top" (PG 15)), doch sind diese meist negativ konnotiert und werden abgewertet („Aber heute verstehe ich nur noch Bahnhof. Oder das ist wieder diese Adidas-Trainingsjacken-Ironie", PG 142). Ebenso wie das „Label-Cashing" in *Faserland* einen gewissen Wohlstand vermuten lässt, weist die hier repräsentierte Negativ-Haltung gegenüber Marken vielleicht auf einen weniger wohlha-benden Erzähler hin (wie auch das letzte Kapitel vermuten lässt).

Auch in *Diesseits des Van-Allen-Gürtels* finden sich in den einzelnen Erzählungen eher literarische und auch mediengeprägte Verweise (z.B.: „Ah, der Herr Schopenhauer!" (VAG 15), „Das erinnerte mich an das *Tier mit den zwei Rücken*" (VAG 34), „Der Tagesthemen-Moderator saß vor dem Foto eines Gebäudes" (VAG 75), „Und davor steht ein Fernseher, und eine Nachmittagsquizsendung mit der Dings – wie heißt die? Sonja Zietlow? (VAG 107)), auch wenn sich ebenso wie in *In Plüschgewittern* vereinzelte (fast schon verirrt wirkende) Markennamen finden („Sie trug eine Adidas-Trainingshose" (VAG 71), „Auf dem Tisch lag ein Stapel schwarzer Notizbücher [...], dazu ein Labello und eine angebrochene Tüte Fisherman's Friend" (VAG 73)). Durch jene negativ gehaltene Verwendung drückt der Erzähler in *In Plüschgewittern* „eine erkennbare Aversion" gegen eben jene Welt des Erzählers aus Faserland aus (Born 2015, S.101). In diesem Sinne ist der Zweck der Repräsentation von Marken bei Kracht und Herrndorf im Grunde zwar gegenläufig, alles in Allem zeigen sie dennoch beide die gleiche Konsumgesellschaft, lediglich von divergenten Seiten beleuchtet, wobei bei beiden die innere Geschichte des Individuums recht similär gestalteter Handlungsgegenstand ist.

Dargelegt wird hier offensichtlich eine „Welt der Oberfläche", nicht nur durch die Oberflächlichkeit von Party-Szenerie und Markenartikeln, sondern auch durch die Schilderung banaler Alltagsgegebenheiten (z.B.: Urlaub auf Sylt (FL), die Trennung von der Freundin (PG), eine Bildungsreise nach Teheran (1979), ein Feierabend-Bier auf dem Balkon (die Erzählung *Diesseits des Van-Allen-Gürtels* in VAG), eine Betriebsfeier (*Herrlich, diese Übersicht* in VAG), ein Autodiebstahl (*Im Oderbruch* in VAG), etc.; Seiler 2006, S.281). Auch der massenhafte Drogen- und Alkoholkonsum entweder durch den Erzähler selbst (wie in *In Plüschgewittern* oder *Diesseits des Van-Allen-Gürtels*) oder vornehmlich durch Antagonisten (wie in *Faserland* und *1979*), ist fester Bestandteil der Party-Szenerie und fungiert im Grunde als pointierte Illustration einer (pop-)modernen Jugend-Szene, deren Konsumverhalten über Medien und Marken hinausgeht, und ist somit zusätzlicher Bestandteil des provokativen Text-Potentials bei Kracht und Herrndorf (Vgl.: Rink 2012, S.91). Jeglicher Konsum wird „als lustvoller Zeitvertreib" und auch als eine Art „Ersatzbefriedigung" (denn zwischenmenschliche Beziehungen scheitern ja), quasi als Bestandteil eines „Modetrends" stilisiert, also als Repräsentation „stereotypisierende[r] Oberflächlichkeiten" schlechthin (Hasbach 2010, S.21). Zu beachten ist jedoch, dass der überwiegende Teil der Figuren jene tabulosen Drogenexzesse als belanglos zu betrachten scheint, lediglich die Erzähler-Instanzen zeigen sich – wenn auch nur milde – in irgendeiner Form beeindruckt oder besser überrascht. Dies weist daraufhin, dass solche Gegebenheiten bereits zum Gesellschaftsalltag zu gehören scheinen, fast schon als langweilig (da dauerhaft präsent) gesehen werden; es zeigt sich gleichsam eine durch Konsum abgestumpfte Gesellschaft, die nichts mehr anderes als einen Oberflächenkult zu kennen vermag (Vgl.: Rosenkranz 2007, S.192).

Zusammengefasst wird durch das Prinzip *Oberfläche* der Blick des Erzählers – und auch des Lesers – „auf Etiketten und Stereotypen" gelenkt, „wodurch eine Auseinandersetzung mit den Menschen sowie eine Beziehung zu ihnen vermieden" und die Distanz (s.o.) gewahrt werden kann (Ebd.).

Unterstellt man in diesem Sinne sowohl Kracht als auch Herrndorf pop-literarische Züge, so ist der Hang zu Medienpräsenz – und auch eine gewisse Marken-Affinität – somit keine Abbildung „einer Literatur der Reichen", sondern lediglich die Darstellung von „Beobachtungen des Alltags in der Konsumgesellschaft" der Neuzeit, wobei sowohl „die Banalität […] der modernen Metropolen […] in kühler Oberflächenprosa" eingefangen als auch zeitgleich tiefergehende, individuelle Entwicklungsprozesse innerhalb derselbigen repräsentiert werden (Degler 2008, S.98f), wodurch jener Oberflächenkult zum literarischen Stilmittel wird, um auf banale und auch zynisch-ironische, teilweise vielleicht satirische und tabulose Art und Weise real-mögliche Gegebenheiten zu indizieren, wenn auch in überspitzter, exzessiv extremer Variante (Vgl.: Paulokat 2008, S.42). Pop-Literatur im Allgemeinen – und ebenso die Werke Krachts und Herrndorfs, wenn auch in abgewandelter Form – weist einen enormen „Realitätseffekt" auf und „kann aufgrund ihrer prononcierten Gegenwärtigkeit stets unmittelbar referentialisiert werden, sie ist lebensweltlich direkt anwendbar" und bietet ein eminentes Potential an Identifikationsmöglichkeiten (Borgstedt 2003, S.227). Sowohl Kracht als auch Herrndorf internalisieren in ihren Romanen so gesehen die pop-literarische „Verbundenheit mit den alltagskulturellen medialen Erscheinungen von Musik, Film, Werbung und Markenzugehörigkeit" und bedienen damit das Motiv der Oberflächlichkeit „als Kennzeichen von Pop-Literatur", nuanciert um individuelle Tendenzen (Schumann 2009, S.154-158).

4.6. Die Ästhetik einer negativen Motivik: Ekel, Krankheit und Tod

Ein weiteres in der Pop-Literatur oftmals anzutreffendes Merkmal ist das Bild einer negativ anklingenden Motivik: So gehören Krankheit und Tod ebenso zum Repertoire wie das Ekelhafte und damit (u.a.) verbunden auch detaillierte Schilderungen von bspw. Körperfunktionen:

Durch die pop-literarische Enttabuisierung nahezu aller Thematiken wird das „Bild der pathologischen Körpererfahrungen ästhetisch konkretisiert" (Degler 2008, S.110). Neben der einfachen Schilderung von allgemeinen Bedürfnissen (bspw. das Urinieren (z.b. FL 25), das Weinen (z.b. PG 127), etc.) werden v.a. auch vermeintlich ekelhafte Szenerien wie Erbrechen geschildert, wobei Körperflüssigkeiten (Blut, Speichel, etc.) eine große Rolle spielen (Degler 2008, S.110). Zu beachten ist hierbei, dass jene Passagen i.d.R. Alkohol- und Drogenkonsum vorausgehen und das Eklige ebenso banal und als zum Alltag gehörend geschildert werden:

> „Als ich erwache […] liege ich auf dem Rücken. Ich spüre, dass ich noch meine Socken anhabe, möglicherweise auch die Schuhe. Meine Zunge ist am Gaumen festgeholzt, ich habe einen unerträglichen Uringeschmack im Mund und ich weiß, wenn ich mich jetzt nur ein bisschen bewege, muss ich sofort kotzen" (PG 157).

Das Motiv der Übelkeit durchzieht auch Krachts Werke (Vgl.: Setz 2013, S.153) und lässt die Party-Szenerie im „Zusammenhang mit Abusus" größtenteils „abstoßend" wirken (Schuhmann 2009, S.155).

Während das Ekel-Motiv bei Kracht die pessimistische Grundhaltung der Erzähler noch unterstreicht, ist es bei Herrndorf spezifischer zu sehen: Hier dient der Ekel zuweilen auch der Wahrung der Distanz (s.o.), denn anstatt sich auf zwischenmenschliche Beziehungen einzulassen, „suspendieren" Herrndorfs Figuren „ihr Begehren im Limbus des Ekelfetischs" (Gratzke 2015, S.143). So behauptet bspw. der Protagonist aus *In Plüschgewittern* von sich selbst, einen „Ekelfetisch" zu haben (PG 149), was sich in detaillierten Deskriptionen eigentlich unästhetischer Körperfunktionen ebenso in den anderen Werken zeigt (z.B. FL 28). In gewisser Weise evozieren Herrndorf und Kracht durch jene „Ästhetisierung des Nicht-Ästhetischen" eine gewisse Spannung und zeitgleich ein für den Leser zunächst vielleicht abschreckendes Moment (Jahrhaus 2009, S.21), zeigen allerdings dennoch einen „dekadenten […] Unterton", der nahezu als „Markenzeichen" von Pop-Autoren gelten könnte (Spiegel 2001).

Neben die Repräsentation eines Ekel-Motivs treten im Pop-Roman auch die Motive von Tod, Krankheit und Gewalt, die offen angesprochen und als zum Alltag gehörend oftmals in fast schon nebensächlichem Ton geschildert werden. So gehören Gewalt und Tod im kriegsgebeutelten Teheran in *1979* bereits zum Alltag und bilden auch für den Erzähler die Rahmenhandlung, da er nach dem Tod Christophers in jenem „Kriegsgebiet" auf der Flucht ist und auch am Ende des Romans im Gefangenenlager täglich mit Gewalt konfrontiert wird (z.B.: 1979 S.161; Vgl.: Lützeler 2009, S.110).

Bei Herrndorf ist der „Stoffkomplex 'Tod und Gewalt'" noch expressiver zu finden (Degler 2008, S.97): In *In Plüschgewittern* wird der Erzähler beinahe durchgehend an den Tod erinnert (der Tod der Großmutter, der tödliche Unfall Erikas, etc.); einerseits schildert er Situationen wie einen Sturz vom Dach fast schon unbeteiligt (PG 84ff), andererseits betont er seine Angst vor dem (eigenen) Tod (PG 48), da er diesen als „vollkommene Auslöschung" versteht (PG 49). Dennoch scheint der Erzähler in gewisser Weise vom Tod fasziniert, malt sich Fantasien der eigenen Obduktion aus (PG 116), spricht sogar von Mordgedanken (PG 117), die für ihn jedoch normal, im Grunde alltäglich seien.

Auch in *Diesseits des Van-Allen-Gürtels* spielt das Todes-Motiv eine entscheidende Rolle und durchzieht in zweifacher Hinsicht quasi als Nebenhandlung alle Erzählungen und stellt so zusätzlich eine Verbindung zwischen ihnen dar: Einmal in Form des „mordenden" Pflegers Hendrik aus *Blume von Tsingtao*, der Gesprächsthema auf den Partys der anderen Erzählungen ist (auch wenn er lediglich nebenbei erwähnt wird und die eigentliche Tatsache des Mordes im Grunde belanglos scheint). Zusätzlich findet sich das Todes-Motiv in Form des Flugzeugabsturzes, von dem in den einzelnen Erzählungen in Fernsehen, Radio und Zeitung berichtet wird, der jedoch ebenfalls „nur" Bestandteil der äußeren Handlung ist, wodurch Herrndorf den Tod an sich als eine alltägliche, wie natürlich zum Leben gehörende Gegebenheit zeigt, wodurch er zum Leitmotiv in Herrndorfs Werk wird (Vgl.: Morgenroth 2015, S.39). Während seine Protagonisten „sich mit ihren ganz persönlichen Dramen befassen […], spielt im Hintergrund auch das öffentliche Geschehen seine typischen Momente aus" und wird in die „banale Welt des Alltags" eingebettet, wodurch ein typisches Motiv des Pop bedient wird (Zubarik 2015, S.59). Zudem kulminiert die Motivik im vermeintlichen Tod des *Faserland*-Erzählers auf dem See und des *In Plüschgewittern*-Protagonisten an der Autobahn.

Im Zusammenhang der Todes-Motivik steht auch das Motiv der Krankheit: Charité-Pfleger Hendrik erkrankt an Malaria (VAG 49), Christopher – eh schon gesundheitlich angeschlagen (1979 S.41) – stirbt letztendlich an den Folgen einer Alkohol- und Drogenvergiftung, das Ich in *In Plüschgewittern* hat Fieber (PG 130). Von besonderer Signifikanz ist jedoch das Motiv der Geisteskrankheit:

Die einzelnen Erzähler bezeichnen zahlreiche Personen in ihrem Umfeld als „verrückt" oder „geisteskrank" (z.B. VAG 35, FL 53, etc.). Interessant dabei ist, dass in *1979* das Ich selbst derjenige ist, der von Anderen als geistig minderbemittelt wahrgenommen wird, so betitelt Christopher ihn bspw. als „mongoloid" (1979 S.31) und „dumm" (1979 S.48) und ein flüchtiger Party-Bekannter bezeichnet ihn als „vraiment un peu simple" (1979 S.102). Am deutlichsten findet sich das Motiv „geistiger Abnormalität" wohl in *In Plüschgewittern* in der Figur des Erzählers, wie der Leser zwar während der Lektüre bereits vermuten mag, im letzten Kapitel durch den Bruder jedoch explizit erfährt:

> „Das Hauptproblem war aber, dass er sich nicht helfen lassen wollte. Es war ja schon immer eine Beleidigungen für ihn, wenn man sich mehr als einmal am Tag nach seinem werten Befinden erkundigt hat. Als er zum Beispiel hier auf der Waschmaschine saß, bin ich zufällig reingekommen und habe gesehen, wie aufgelöst er war. Er sah vollkommen fertig aus. Als ich fragte, was los sei, ob ich irgendetwas für ihn tun könne, antwortete er, die Symmetrie der Bodenfliesen habe ihn überwältigt. Und so war es immer. Er musste immer alles ins Lächerliche ziehen. Ich konnte das noch nie ertragen, und es wurde immer schlimmer. [...] Mehr als einmal, als wir noch ganz klein waren, hat er versucht, mit mir zu fliehen. [...] Unsere Eltern seien gar nicht unsere Eltern, versuchte er mir und sich einzureden, sondern bestellte Schauspieler" (PG 180f).

Alles in allem wohnt der Tatsache, dass Kracht und Herrndorf eben jene oben genannten Thematiken in den Kontext des Alltäglichen stellen und somit gleichsam eine Art Negativ-Kult (im Rahmen des Oberflächenkults) zelebrieren, in gewisser Weise auch ein ästhetischer Moment inne: Da diese Elemente ebenso Bestandteil der Realität sind, macht jene Alltäglichkeit ein „epische[s] Element der [jeweiligen] Geschichte aus" (Rosenkranz 2007, S.199). Die Idee der unspektakulären Alltäglichkeit lässt „das Tote und Leere", das Verschwinden und Auslöschen als „Kontrast [...] der Mannigfaltigkeit des Lebens" erscheinen und gewinnt so an ästhetischem Wert (Ebd., S.272-275).
Auch die Einbindung des Ekels repräsentiert im Grunde „die reelle Seite" des Lebens, „eine Unform", die trotz aller Fiktion als Möglichkeit nicht außer Acht gelassen werden darf (Ebd., S.293). Zudem fließen hier die Motive von Ekel und Tod zusammen, denn das „Ekelhafte als ein Produkt der Natur, [als] Schweiß, Schleim, Kot, Geschwüre u. dgl., ist ein Totes, was der Organismus von sich ausscheidet", wodurch die Allgegenwärtigkeit des Todes in der Verankerung innerhalb des Individuums kulminiert, was sich bei Kracht und Herrndorf zeigt (Ebd., S.294). In diesem Sinne bedienen Kracht und Herrndorf nicht nur typische pop-literarische Thematiken, sondern repräsentieren diese zudem in einem ekelhaft und zeitgleich ästhetischen Pessimismus.

4.7. Perspektivik und die Instanz des Ich-Erzählers

Bezüglich der Erzähler-Instanz und der Perspektivik ist sowohl für den Bildungsroman als auch für den Pop-Roman der Ich-Erzähler ein typisches Merkmal, in der Pop-Literatur bleibt dieser – wie bereits erwähnt – oftmals sogar namenlos.

Dieses Kriterium erfüllen die Werke Krachts ebenso wie auch Herrndorfs *In Plüschgewittern*. Lediglich der Erzählband *Diesseits des Van-Allen-Gürtels* weicht hinsichtlich der Erzähler-Instanz und damit verbunden auch hinsichtlich der Perspektive von den anderen Werken ab und wird daher am Ende dieses Kapitels gesondert analysiert.

Es ist bereits festgestellt worden, dass Krachts Protagonisten in *Faserland* und *1979* sich im Grunde auf der Flucht befinden, „vor der Ironie, […] sich selbst, […] vor festgefügten Bildern von der Welt und von sich selbst, auf der Flucht auch vor der Schuld" (Weidermann 2013, S.126). Besonders deutlich wird dies durch eben jene Erzählweise, die gleichsam als innerer Monolog gelesen werden könnte; der Leser erfährt so die Gefühle des Ich und die Eindrücke, welche die differenten Erlebnisse evozieren, so als wäre er selbst der Erzählende. Die Perspektive des Ich-Erzählers erhöht für den Leser die Identifikationsmöglichkeit ungemein. Auch die eingeschobenen Szenen der Erinnerungen und Fantasie (s.o.) verweisen stark auf einen inneren Monolog, da der Erzähler just in dem Moment, als ihm diese in den Sinn kommen, seine eigentliche Erzählung unterbricht und – quasi als Gedankenkette – eine andere „einschiebt", z.B.:

> „In der U-Bahn bekomme ich ein ganz mulmiges Gefühl in der Magengegend, als wäre ich wieder fünfzehn. Ich überlege, dass Ines und Ich vielleicht ein Paar werden, heute Abend, und dass ich mir früher das Datum gemerkt hätte […] und wenn ich sterbe, in fünfzig Jahren, und mein Leben an mir vorbeizieht, werde ich mich noch immer erinnern […], während ich Ines und alles andere längst vergessen habe. Das sind so meine Gedanken, kurz bevor ich die Ankerklause erreiche", PG 97f.

Eine solche Gedankenkette und die simple Deskription quotidianer Begebenheiten mag vielleicht primär als nutzlos erscheinen, es erlaubt dem Leser jedoch, „in der Identifikation mit den Aktanten der Handlung fiktiver Welten reale Handlungsoptionen in der eigenen Imagination nach[zu]vollziehen", auf eine Art und Weise, die eine andere Erzählperspektive in einer solchen Intensität nicht gewährleisten könnte (Rink 2012, S.17). Durch die Möglichkeit „für den Rezipienten sich in eine (elaborierte) fremde Gedankenwelt zu versetzen", erhält Fiktion – und auch der Bildungs- sowie der Pop-Roman – „anthropologische und kulturelle Bedeutung" (Ebd.).

Der Ich-Erzähler, eben jene „Form der Personifikation", substanziiert „das Fundamentale, das Radikale" und das „Extreme" des ästhetischen Prinzips, das Leben und den Alltag als Herausforderung darzustellen, wodurch der Leser angeregt und „verwandelt" werden soll, es muss ihm in diesem Sinne „epiphanisch aufgehen" (Jahrhaus 2009, S.22). Jahrhaus fasst diese seiner Meinung nach notwendige Texteigenschaft wie folgt: „Il faut être absolument esthétique!" (Ebd.).

Die „Identifikation mit dem Helden" als als „Projizierung" ist nicht nur eine grundlegende „Triebfeder der Literatur", sondern verleiht ihr auch den Charakter, sowohl Kunst als auch Wirklichkeit zu sein, da einerseits „die Lebenswelt des Lesers" erfasst und andererseits „auch die Wirklichkeit *als* Erzählung" abgebildet wird, wobei das Ich des Romans nur dort existiert, „wo es die Lebenswelt des Lesers berührt" (Morgenroth 2015, S.35).

Des Weiteren ist zu beachten, dass das Fehlen jeglicher direkter Rede in *Faserland* den Eindruck eines inneren Monologs zusätzlich verstärkt (Vgl.: Rink 2012, S.92). Zwar findet sich in *1979* und *In Plüschgewittern* sehr wohl auch direkte Rede, jedoch überwiegt auch dort die Innensicht des jeweiligen Protagonisten. Zu beachten ist, dass *In Plüschgewitter*n hier eine Besonderheit aufweist: Das letzte Kapitel des Romans liegt zeitlich hinter dem vermeintlichen Tod der eigentlichen Hauptperson, die Perspektive des Ich-Erzählers wird dennoch beibehalten (PG 175ff) und hier durch den Bruder des Protagonisten „ersetzt", welcher die Geschichte seines Bruder rückblickend niederschreibt, d.h. die Handlung würde hier gewissermaßen von Neuem beginnen, diesmal aus einer anderen Sicht erzählt, in gewisser Weise die Andeutung einer Art Kreislauf (des Lebens). Zudem sind *Faserland* und *In Plüschgewittern* beide im Präsens verfasst, bilden im Grunde also aktuelle Geschehnisse ab; lediglich die jeweiligen Kindheitserinnerungen stehen im Präteritum. *1979* hebt sich in dieser Hinsicht von den anderen beiden Werken ab, da dieser Roman im Präteritum verbalisiert ist und die Annahme einer Aktualität der Ereignisse negiert, im Gegenteil sogar zu der Vermutung anregt, dass Ich erzähle seine Geschichte rückblickend, eventuell aus dem Gefangenenlager heraus, wo der Roman endet. Allerdings kann auch *1979* mit einigen (wenn auch wesentlich weniger!) Erinnerungssequenzen aufwarten (primär im ersten Teil), was trotz des Tempuswechsels im Vergleich zu Faserland und *In Plüschgewittern* – zumindest teilweise – an einen inneren Monolog erinnert bzw. einfach die Gedankenkette des Ich während seines Berichts repräsentiert.

Abgesehen davon wirken die Erzählstimmen Krachts und Herrndorfs „gleichzeitig distanziert und denunzierend", da die jeweiligen Protagonisten (in *1979* nur hinsichtlich des ersten Romanteils vor der Läuterung) sich mit einer fast schon „kindlichen Verunsicherung" durch ihr Leben, das „letztlich doch nur eine große Leere" darzustellen scheint, bewegen und sich dabei an „der Schilderung von Belanglosigkeiten" festklammern (Seiler 2006, S.282). Die Erzähler Krachts und Herrndorfs wirken auf diese Weise unbedarft, der Leser bekommt den Eindruck ungebildeter Figuren (z.B. wenn in *Faserland* Walter von der Vogelweide als „Maler" genannt wird, FL S.69), die sich darauf reduzieren lassen, lediglich die Oberfläche der Dinge wahrzunehmen und nichts zu hinterfragen (Vgl.: Seiler 2006, S.290). Dies ist jedoch nur augenscheinlich der Fall, denn – wie bereits feststellt – befinden sich alle Figuren in irgendeiner Form auf der Suche und hangeln sich dabei an ihren Beobachtungen entlang zum Ziel. In diesem Sinne ließe sich auch den implizierten Rückblenden eine weitere Funktion zuschreiben, da sie durch die Darstellung meist positiver Kindheits-Erinnerungen so gesehen als Kontrast zum aktuellen (Negativ-)Bild der Welt fungieren und die Entwicklung der Umwelt und des Erzählers explizieren (Grabienski 2011, S.12).

Alles in Allem tragen die Protagonisten aus *Faserland*, *1979* und *In Plüschgewittern* zwar keine Namen, dafür haben sie jedoch alle „einen sehr charakteristischen 'Erzählerton'", denn im Gestus nahezu „unberührte[r] Sachlichkeit" (Born 2015, S.83) schildern sie „mit 'eyes wide shut' alles und nichts" (Heidenreich 2001). Tragendes Romanelement ist also in keinem der Werke die Handlung, „sondern vielmehr die geschickte Anlage der Figurenpsychologie des Erzählers", der zugleich Züge des Helden und des Antihelden trägt (Frank 2015, S.170).

Auch im Hinblick auf *Diesseits des Van-Allen-Gürtels* spielen die Figurenkonstellationen eine gravierende Rolle, da die einzelnen Erzählungen durch sie miteinander verbunden sind[5]. Allerdings ist hier zu beachten, dass nicht alle sechs Kurzgeschichten die gleiche Erzählperspektive und auch nicht das gleiche Erzähltempus aufweisen:
Bis auf *Herrlich, diese Übersicht* (personaler Erzähler), beinhalten alle Narrationen einen Ich-Erzähler, wobei dieser nur in *Der Weg des Soldaten*, *Blume von Tsingtao* und *Diesseits des Van-Allen-Gürtels* namenlos bleibt (und auch den Namen des Erzählers aus *Blume von Tsingtao* erfährt man doch durch die anderen Geschichten). Außerdem

---

5 Vgl. hierzu auch Abb.1 im Anhang.

sind nur *Blume von Tsingtao* und *Herrlich, diese Übersicht* im Präsens verfasst, alle anderen im Präteritum. Dennoch lässt sich eine gewisse zeitliche Abfolge der einzelnen Narrationen untereinander feststellen, wodurch *Diesseits des Van-Allen-Gürtels* zusammen mit Verbindung der einzelnen Aktanten einen hohen Grad an Intratextualität enthält. *Der Weg des Soldaten* umfasst mit der Reise nach Italien und dem Beginn eines Studiums einen längeren Handlungszeitraum. Das sich daran anschließende Kapitel *Blume von Tsingtao* beinhaltet zwar ebenfalls einen längeren Zeitraum (Weltreise), lässt sich aber zeitlich hinter *Der Weg des Soldaten* einordnen, da der Protagonist (wahrscheinlich) der im vorherigen Kapitel genannte Hendrik ist. So gesehen spielt *Blume von Tsingtao* nach *Der Weg des Soldaten*. Augenscheinlich scheinen die vier nachfolgenden Erzählungen nicht mit den ersten beiden in Verbindung zu stehen, doch besteht auch hier eine Relation durch die Figuren (s. Abb.1 im Anhang). *Im Oderbruch* erzählt über den Zeitraum eines Abends und im Präteritum die Geschichte eines „Schiffsüchigen“, der vermutlich der Vater von Paul aus der nachfolgenden Erzählung ist. In diesem Kapitel erfährt der Leser zudem das erste Mal von der Flugzeugkatastrophe, die hier zur Hintergrundhandlung gehört und die Verbindung zu *Herrlich, diese Übersicht* herstellt, da auch hier das Flugzeug erwähnt wird, wodurch die Handlungen aus *Im Oderbruch* und *Herrlich, diese Übersicht* zeitlich parallel verlaufen; auch wenn *Im Oderbruch* im Präteritum und *Herrlich, diese Übersicht* im Präsens erzählt ist, schildern sie offenbar divergente Ereignisse des selben Abends. Ebenso auch das Kapitel *Diesseits des Van-Allen-Gürtels*, das zwar wieder im Präteritum steht, aber ebenfalls das Flugzeug beinhaltet. Abgesehen davon ist der Erzähler aus *Diesseits des Van-Allen-Gürtels* (vermutlich) der der Party fernbleibende Freund der Gastgeberin Christine aus *Herrlich, diese Übersicht*. Des Weiteren endet *Herrlich, diese Übersicht* mit der Beschreibung des Mondes („Merkwürdig groß und symmetrisch und wie ein Auge zwischen zwei Obstbäumen steht nur der Mond", VAG 130), die sich so wörtlich auch in *Diesseits des Van-Allen-Gürtels* (VAG 147) findet. Abgesehen davon lässt sich auf Grund der hier vorzufindenden Personenkonstellation (Franco aus *Der Weg des Soldaten* als Party-Gast) vermuten, dass der in diesen drei Kapiteln geschilderte Abend zeitlich hinter den Geschehnissen der ersten beiden Kapitel liegt.

Die letzte Erzählung ist zwar wiederum im Präteritum verfasst, lässt aber auf Grund der Handlung vermuten, dass sie zeitlich hinter den Ereignissen aus *Im Oderbruch* und *Diesseits des Van-Allen-Gürtels* liegt, da hier deskribiert wird, wie Marie zusammen mit einigen Kollegen (aus *Herrlich, diese Übersicht*) eine Präsentation halten muss (vermutlich die bereits im vierten Kapitel erwähnte); auch hier ist der Handlungs-zeitraum nur der eines einzelnen Abends[6].

Diese in Herrndorfs Sammelband *Diesseits des Van-Allen-Gürtels* vorzufindende „Mon-tagetechnik" apostrophiert (durch die Parallelität und Zusammenhänge ihrer mehr oder minder banalen Handlungen) die „Dominanz des Alltagsdiskurses", in welchem Tod und Gewalt wie nebensächlich gleichsam dazu gehören, und was ein typisches pop-literarisches Motiv ist (Degler 2008, S.75f). Jene fast schon „ins Ironische abkippende Übersteigerung des […] verschriftlichten Partygesprächs" in *Herrlich, diese Übersicht* und *Zentrale Intelligenz Agentur* (sowie auch in *Faserland*, dem ersten Teil von *1979* und *In Plüschgewittern*) und auch der Wechsel der Erzählperspektive vom Personalen-zum Ich-Erzähler mit zudem „männlich-weiblichen Chiasmus" der Perspektiven und einem Wechsel der Tempora (das nicht mit der (vermuteten) Reihenfolge der Ereignisse übereinstimmt), unterstreicht zusätzlich die Signifikanz der Herrndorf'schen Technik (Ebd., S.77).

---

6   Zum Vergleich der zeitlichen Handlungsabläufe siehe Abb.2 im Anhang.

5. Sprache und Stil

Abschließend ist eine kurze Analyse des jeweiligen für Kracht und Herrndorf typischen Stils gegeben, wobei sich einige Parallelen zeigen.

5.1. Bei Kracht

Zunächst sei Krachts unvergleichlicher Sprachstil erwähnt, der in seiner „sehr klaren und reduzierten" Diktion „in der gegenwärtigen deutschsprachigen Literatur einmalig ist" (Dietrich 2008). Seine „leichte, Festlegungen vermeidende, sich verflüchtigende Sprache" ist im Zusammenhang mit seinem durchgängig reservierten, „gelegentlich beinahe unbeholfen" wirkendem Ton und der „Konstruktion von Erzählperspektiven" (Schumacher 2009, S.189), dasjenige Werkzeug, mit dem er in seinen Werken die jeweilige Welt „malt" (Dath 2008). Mit seinen teilweise polymorphen Naturbeschreibungen und den schockierend ernüchternden Deskriptionen von Gewalt und Brutalität (z.B.: FL 31, 1979 S.94) konstruiert er eine fast schon „poetisch-tanzende, streckenweise fast lyrische" Sprache, die „den Tod in sich" trägt, „ihn in jeder Zeile [...] als ein sie konstituierendes Faktum" mitdenkt, was sich bspw. durch die Omnipräsenz des Krieges in *1979* zeigt (Bronner 2009, S.107f). Und dennoch ist es, wie Gustav Seibt passend beschreibt, das ansprechendste, ästhetischste, mondänste und v.a. auch unvergleichlichste „Deutsch, das derzeit zu lesen ist" (Seibt 2010), auch wenn Krachts Vokabular und seine Orthografie eine verunsichernde Wirkung auf den Rezipienten hat (Vgl.: Hermes 2009). Krachts „Verstöße gegen einen institutionalisierten Sprachgebrauch" bewirken eine Provokation des Textes, die v.a. durch die Erzählweise in ihrer „lakonischen Art und Weise des Vortrags bewusst heftige Reaktionen" herausfordert (z.B. FL 93; Rink 2012, S.90). So gesehen mag Krachts Sprache auf den ersten Blick vielleicht „als äußerst naiv und verunsichert", vergleichbar mit dem „Stil eines Kindes, das Zweifel hegt, ob es denn auch verstanden würde", erscheinen, doch im Großen und Ganzen verleiht Kracht durch seine spontane Art, in der er auch keinerlei sprachliche Korrekturen scheut, seinen Romanen „eine gewisse Lebendigkeit" (Wenzel 2001, S.37). Auch sein hohes Maß an Interkulturalität und auch Intertextualität spielt dabei eine bedeutende Rolle. Besonders deutlich wird jene Interkulturalität durch die Verwendung von Umgangssprache den häufigen Gebrauch fremdsprachlicher Begriffe oder sogar ganzer Phrasen wie z.B. ein iranisches Sprichwort („Yek sag-e sunni", 1979 S.65), Erklärungen auf Französisch („C'est l'heure, vous savez", 1979 S.97) oder Begrüßungen von Freunden auf Spanisch („Yo soy feliz y tu tambien", FL 137)[7]. Diese sprachliche Multikulturalität durchzieht quasi als Leitmotiv Krachts gesamtes Werk und findet sich bspw. auch im Sonnenschein-Roman in Form afrikanischer Sprichwörter („Mbege" und „Ibwatu", IWH 37), chinesischer Schriftzeichen (z.B.: IWH 37), ein Gebet der Figur Uriel auf Chichewa (IWH 91) und Befehle auf Französisch („Cést un comissaire! Laissez tomber immédiatement!", IWH 107)[8]. Mit jener – manchmal deplaziert wirkenden – Interkulturalität „übersetzt Kracht das Phänomen der Globalisierung auf seine ganz eigene Art" (Wenk 2008). Hier zeigt sich, dass Kracht „Fremdeinflüsse" keineswegs scheut, „sondern sie souverän für seine Zwecke nutzt", und zwar mit einer beeindruckenden „Nonchalance" (Hagestedt 2009, S.141). Auch unterstreicht die einfließende Intertextualität die Komplexität von Krachts Sprache: Die konzeptionelle Anlage von *Faserland* erinnert an Robert Harris' *Fatherland* (Hermes 2009), wobei anzumerken ist, dass bereits der Titel *Faserland* ein Wortspiel beinhaltet, denn die Intonation erinnert an das englische *th*, und weist bereits drauf hin, dass der Roman eine Reise durch das Vaterland abbildet (Seiler 2006, S.281). Dies ist zudem eine für Kracht typische Begebenheit, denn auch der Titel seines 2007 publizierten Romans *Metan* stellt ein solches Wortspiel dar (fehlendes >h<). Auch die sonstige „Präsenz intertextueller Anlehnungen und Anspielungen […] wird keinem Leser entgehen", so bspw. Anspielungen auf Hesse (FL 61) oder den Text verschiedener (Pop-)Songs (z.B. 1979 S.54; Malchow 2012, S.57). Hinzu treten auch außerliterarische Bezüge auf real existente Personen wie Isabella Rossellini oder auf TV-Shows, etc., wodurch eine „mimetische Rezeption nahegelegt" wird (Gansel 2003, S.245), und wodurch es zeitweise als ein „Buch über Bücher" und Medien wirkt, in dem, „wie in einem Wimmelbild versteckt, alle paar Seiten" (Malchow, 2013, S.57) Autoren, Schauspieler und Sänger zu finden sind, weshalb es so wirkt, als sei der Roman „bewusst überfrachtet mit europäischer Geistesgeschichte" (Soboczynski 2013, S.23). Durch Krachts Hang zu intertextuellen und -medialen Bezügen wirkt er so gesehen einer oftmals kritisierten „Marginalisierung der jungen deutschen Literatur entgegen[...]" (Hagestedt 2009, S.141).

Des Weiteren ist anzumerken, dass Krachts Sprache in *Faserland* und *1979* (allein schon durch die Perspektivik) wesentliche „Merkmale der Mündlichkeit" aufweist und auch durch den jeweiligen Duktus des Erzählers mehr als „verschriftlichte Alltags- bzw.

---

7 Hier ist zu beachten, dass Kracht sich keiner korrekten Orthographie des Castellano bedient, da es dann *Yo soy feliz y tú también* heißen müsste.

8 IWH = Abkürzung für *Ich werde hier sein, im Sonnenschein und Schatten.*

Umgangssprache", die mehr als einmal „von grammatikalischen sowie syntaktischen Regeln abweicht", erscheint (Hasbach 2010, S.30). Besonders deutlich wird dies durch den häufigen Gebrauch von im Grunde überflüssigen Partikeln (z.B.: „also" FL 13, „eigentlich" FL 15, etc.) und die häufige Apokope bei Verbformen der ersten Person Singular (z.B. „Ich hab" FL 59), wodurch die Sprache einen jungen, frischen und realistisch-spontanen Unterton erhält (Vgl.: Hasbach 2010, 32). Wichtigstes Merkmal einer als Jugend-Jargon erscheinenden Mündlichkeit ist jedoch der fast schon als inflationär zu nennende Usus von Fäkalsprache in *Faserland* und *1979* (z.B.: „Halt's Maul, du SPD-Nazi", FL 55; „Du [...] kleiner Homo", 1979 S.39).

Eine weitere spezifische Gegebenheit bei Kracht liegt dabei – wie bereits erwähnt – in der Inszenierung seiner Erzählerinstanzen (s.o.), erst in seinen späteren Werken *Metan* und *Imperium* findet sich ein Bruch mit der „Tradition" des namenlosen Ich-Erzähler, da dieser hier durch einen auktorialen Erzähler abgelöst wird (Vgl. z.B. IP 11f, MT 14f), wodurch der Fokus (v.a. in *Imperium*) nicht mehr auf der inneren Geschichte des Hauptcharakters liegt, sondern, „manchmal ein Comic, manchmal ein Melodrama, manchmal ein Thriller" und „manchmal eine todernste Tragödie" abzubilden scheint (Malchow 2013, S.58)[9]. Der Kracht'sche Ich-Erzähler ist also in den späteren Werken quasi vom Subjekt „zum Objekt des Romans geworden" (Winkels 2013, S.09), über das eine höher gestellte Instanz, ein „merkwürdig über den Dingen schwebender" Erzähler, „dessen heitere Souveränität letztlich kaum weniger komisch erscheint als die Figuren, über die er [...] sich ironisch erhebt", referiert, wodurch abermals die Komplexität von Krachts Werken hervorgehoben wird (Schumacher 2013, S.142).

Alles in Allem schafft Kracht in seinen Romanen eine Alltags-Abbildung „ohne jede emotionale Aufladung" in einem unvergleichlichen Ton (Seiler 2006, S.284). Ohne es dabei als Parodie erscheinen zu lassen, stellt Kracht – v.a. in *Faserland* und teilweise auch in *1979* – „die komplette Leere eines Fundamentalismus ohne Fundament", bei dem die „Inhalte im Grunde egal" scheinen, dar und erschafft die Prägnanz seiner Werke somit auf Basis der eigentlichen Nichtigkeit (Baßler 2002, S.192). Auch wenn dies nur wie ein Bruchteil der Komplexität von Krachts Romanen, die dem Leser oftmals ungeahnte Tiefen offenbaren, umfasst, zeigt sich doch deutlich die fast schon konfuse Vielschichtigkeit, die sich Kracht zu Nutze macht, um in divergenten Weltszenarien kritisch zu agieren und die Aufmerksamkeit des Lesers auf die Signifikanz manch ge-

---

9 IP = Abkürzung für *Imperium*, MT = Abkürzung für *Metan*.

genwärtiger Problematiken zu lenken. Sein dekadenter Sprachgebrauch mag – durch die „bitter-ironische […] Haltung" als eine Art „postmoderne[...] Negativformel" erscheinen, doch ist er im Grunde lediglich „Ausdruck eines Spiels mit spezifischen Zeichenreservoirs", bei dem „der Einsatz der diskursiven Oberfläche der Anspielung" im Vordergrund steht (Lettow 2001, S.291-301).

Zuletzt sei noch darauf hingewiesen, dass die Verankerung in zwar fiktionalen, aber natürlich wirkenden und real-möglichen Welten ein Bestandteil von Krachts Repertoire ist, dass sich auch noch in seinen späteren Werken (*Ich werde hier sein, im Sonnenschein und im Schatten*, *Imperium* und *Metan*) zeigt (Vgl.: Hasbach 2010, S.53), und trotz oftmals bizarrer Settings (bspw. Revolutionen in Teheran; Vgl.: Stemmer/Reiber 2001), lässt Kracht seine Welt auf „nüchtern assoziativ[e]" Weise (Laage 2009) möglich erscheinen, auch wenn sie in einer „absurden Zelle zwischen den Buchdeckeln" gefangen ist (Poschardt 2009).

5.2. Bei Herrndorf

Wie auch bei Kracht entspricht der Sprachgestus bei Herrndorf weithin der Mündlichkeit und dabei v.a. einem jugendlichen Jargon, besonders Dialoge und auch Beschreibungen sind stark umgangssprachlich geprägt (z.B.: „Oder nee, das ist auch Quatsch", PG 114; „Was für'n Pflock? Was ist denn das für 'ne Regel?", VAG 123). Zusätzlich unterstrichen wird dies v.a. in *In Plüschgewittern* durch die (vermeintlich) geistige Erkrankung des Ich (s.o.), wodurch Herrndorf sich des Schreibstils eines „unzuverlässigen Erzählers" bedient (Born 2015, S.86). Herrndorf übernimmt dabei jene Technik, die wir auch bei Kracht finden, nämlich seine Erzählerinstanz in einer real-möglichen, aber dennoch fiktiven Welt seine Erlebnisse und Imaginationen zu schildern, so „trügerisch und irreführend sie auch sein mögen", wodurch satirisch anmutende Züge mitschwingen (Ebd. S.88f). Ebenso wie Kracht schildert Herrndorf in *In Plüschgewittern* und den einzelnen Kurzgeschichten aus *Diesseits des Van-Allen-Gürtels* die trübe Szenerie eines alltäglichen Dramas, das seine Aufregung bereits eingebüßt hat (Vgl.: Lüdke 2007). Herrndorf präsentiert „oft rätselhafte Geschichten, gerade weil [im Grunde] nichts passiert", der Imaginations- und Interpretations-Spielraum für den Leser dabei jedoch ins scheinbar unermessliche wächst (Ebd.). In einem Nachruf auf Herrndorf wurde dies als Herrndorfs spezifisches „Talent, leicht danebenzuzielen [!], um [dann trotzdem] genau zu treffen", bezeichnet (Prüfer 2015). Herrndorf selbst bezeichnete seinen Stil in einem Interview über *Diesseits des Van-Allen-Gürtels* als „bekloppt", im Grunde als einen willkürlich zusammengewürfelten Ideenmix (Höbel 2013). V.a. dann, wenn zugespitzte Bemerkungen der ironischen Erzählerinstanz (besonders in *In Plüschgewittern*) sich häufen, wartet Herrndorf mit einem jargonhaften Idiom auf und steigert dies vielmals sogar bis zum Polysyndeton (z.B. PG 19: „[...] dass Nikotin ja auch eine Droge ist. **Und** Alkohol ist ja auch eine Droge. **Und** dass Alkohol ja vielleicht sogar die schlimmste Droge ist **und** dass irgendwas legalisiert werden muss"; Vgl.: Morgenroth 2015, S.40). Mit eben solch betonter „Beiläufigkeit modellieren Herrndorfs Prosatexte […] ihren lässigen, leichten und lockeren Stil" und verankern diesen Tonus „auch in den Tiefenstrukturen" ihrer „erzählten Welten" (Schäfer 2015, S.147).

Genau wie Kracht weist auch Herrndorf eine spezifische Erzähler-Instanz auf (s.o.), in welcher sich „die vertrackte" Dialektik von Herrndorfs […] narrativer Kontingenz" manifestiert (Morgenroth 2015, S.37). Bei Herrndorf findet sich zudem in *In Plüschgewittern* und auch den einzelnen Erzählungen aus *Diesseits des Van-Allen-Gürtels* eine spezifische Konstellation der Figuren, die auch schon in seinem Erfolgs-Roman *Tschick* zu erkennen ist: Berichtet wird von einer Jugendliebe (PG: Anja Gabler, T: Isa und Tatjana), von wilden (Party-)Mädchen (PG: z.B. Ines, VAG: z.B. Christine, T: Isa) und den zwischen diesen stehenden Protagonisten (Vgl.: Gratzke 2015, S.138).

Zudem fällt v.a. im Sprachduktus von Herrndorfs Erzählerinstanzen auf, dass auch er implizit Thematiken wie Rassismus, Frauenfeindlichkeit und Homophobie etc. mit anklingen lässt, ohne dabei offen moralisierend zu erscheinen, sodass Herrndorfs Hinterlassenschaft in seiner Gesamtheit ein „schwieriges, vielfältiges Werk „beinhaltet, dessen Formen, Figuren und Thesen eine erstaunliche und fesselnde innere Geschlossenheit der Weltsicht hervorbringen", die den Leser vielleicht irritieren, teilweise schockieren mag, es aber dennoch unmöglich macht, „sich ihrer ästhetischen Gewalt zu entziehen" (Gratzke 2015, S.144).

Des Weiteren findet sich auch bei Herrndorf eine gewisse Intertextualität (s.o.), zu der in *Diesseits des Van-Allen-Gürtels* noch eine enorme Intratextualität hinzukommt, evoziert durch den kontingenten Bezug der einzelnen Figuren zu einander (s.o.). Durch jenes offene Netz gibt es keine zentrale Erzählung, es lassen sich im Hinblick auf die „intrinsische […] Textualität" lediglich Knotenpunkte, in denen einzelne Puzzleteile (~ Figuren) zusammengefügt werden, erkennen (Zubarik 2015, S.50-54). Jene Figur des textinternen Selbstbezugs kulminiert bei Herrndorf – so ließe sich vielleicht interpretieren – in einem Roman-übergreifenden Bezug innerhalb seiner Werke, so könnte die Figur Maik Tschikowski als Vorausweisung auf *Tschick* (die Figur Andrej Tschichatschov) gesehen werden (Ebd. S.54f)[10].

Alles in Allem stellt *Diesseits des Van-Allen-Gürtels* ein intratextuell verweisendes „Knäuel von Einzelgeschichten und Momentaufnahmen" dar, die im Großen und Ganzen ein Netz von Handlungssträngen der selben fiktiven Welt repräsentieren (Cosentino 1999, S.06).

Jener lockere und jugendliche Sprachgestus, der Bruch mit herkömmlichen Normen im Sinne von im Grunde jeglicher Logik trotzenden Erzählsituationen ist gerade das, was sowohl *In Plüschgewittern* als auch in *Diesseits des Van-Allen-Gürtels* lebendig und real, sogar alltäglich erscheinen lässt. Die für Herrndorf „so typische[...] Mischung aus lakonischer Nüchternheit und beißendem Humor" macht sein Werk einzigartig (Frank 2015, S.165). „Mit Tempo und Witz begleitet" er „seine Figuren auf ihrer Reise", bildet eine mögliche Wirklichkeit ab und regt den Leser zum Nachdenken an (Deutscher Jugendliteratur-Preis 2015). Skurrile Begebenheiten, Elemente der Irrealität sowie auch nüchterne Wirklichkeitsschilderungen ohne Beschönigungen vereint Herrndorf in einem virtuosen Zusammenspiel und trifft dabei „den Ton der schwerschönen Jahre" der Adoleszenz, „schräg, beseelt, [teilweise] brüllend komisch, [und auch] zum Heulen (Stern-Kritik, gedruckt in der 31. Auflage von *Tschick* des Rowohlt Verlags, 2014, S.01).

Ebenso wie Kracht wartet Herrndorf mit einem Ingenium auf, nur durch Worte beim Leser aphoristische und originelle Bilder zu evozieren, egal wie diffus sie auch scheinen (Vgl.: Hennig 2015). Gleich ob *Diesseits des Van-Allen-Gürtels*, *In Plüschgewittern* oder auch sein Durchbruchsroman *Tschick* oder sein letztes noch selbst publiziertes Werk *Sand*, Herrndorfs Romane sind geprägt von einem beschwingten Wechselspiel zwischen latenter Ironie und präziser Nüchternheit, verpackt in einen provozierenden Sprachgestus (Vgl.: Anonym: *Wolfgang Herrndorf. In Plüschgewittern.* 2008). Die für Herrndorf typische „Sukzession der de-eskalierenden Kette", die wir v.a. in *Diesseits des Van-Allen-Gürtels* vorfinden und „die intratextuelle Bedeutungsgenerierung erlaubt", ergänzt um die Gewöhnung „an Katastrophen durch die Einbettung in alltägliche Kontexte und der Banalisierung des Tragischen durch absteigend signifikante Wieder-

---

10 Dies sei jedoch hier nur dahingestellt und lässt Raum für eventuelle weitere Untersuchungen, wird hier allerdings nicht weiter beachtet. Vgl. hierzu auch Abb.1 im Anhang.

holung" (z.B. in Form des Flugzeug-Motivs), spiegelt einerseits fast schon „überdeutlich den Mechanismus […] eines Überflusses an Katastrophenmeldungen" der heutigen Zeit wider (Zubarik 2015, S.62) und zeigt andererseits den Detailreichtum, dessen Herrndorf sich schon als Maler bedient hat (Vgl.: Schmitt 2015).

6. Fazit

Hinsichtlich der eingangs definierten Fragestellung einer Zugehörigkeit der Werke Krachts und Herrndorfs zur Pop-Literatur und einer Klassifizierung dieser als Bildungsroman ist im Verlauf dieser Arbeit gezeigt worden, dass sich sowohl bei Kracht als auch bei Herrndorf Elemente des klassischen Bildungsromans und der Pop-Literatur finden lassen, zumal sich die Thematiken des Pop und des Bildungsromans teilweise überschneiden, „insbesondere in der Nebenfunktion der Reifung des Helden auf seiner Reise" (Degler 2008, S.85).

1979, *Faserland*, *Diesseits des Van-Allen-Gürtels* und *In Plüschgewittern* zeigen deutlich, dass beide Autoren den pop-literarischen „ironisch-melancholischen Gestus des 'Alles-Schon-Da-Gewesen'" durch die Darstellung „der schieren Übermacht des Banalen" für sich in Anspruch nehmen (Paulokat 2008, S.14). Auch wenn *Faserland* allgemeinhin oftmals als Grundstein der deutschen Pop-Literatur und *1979* als ihr Ende bezeichnet wird, ist hier deutlich geworden, dass dem nicht ohne Weiteres zuzustimmen ist (Degler 2008, S.106). Zwar weist *Faserland* nahezu alle pop-typischen Gegebenheiten auf, doch auch ebenso Elemente des Bildungsromans, es „folgt dem Muster eines Road-Movie" (wie auch Herrndorfs *Tschick*) und beschreibt zudem Adoleszenz-typische Thematiken, weshalb der Roman nicht nur einem Genre zuzuordnen ist (Borgstedt 2003, S.237). Auch *1979* präsentiert Pop- und auch Bildungsroman-typische Gegebenheiten und kann beim besten Willen nicht als Schlussstrich der deutschen Pop-Literatur bezeichnet werden, da diese offensichtlich noch nicht beendet scheint, weisen doch auch *In Plüschgewittern* und *Diesseits des Van-Allen-Gürtels* Züge der Selbigen auf. Auch wenn *1979* oft als „Gegenentwurf zu *Faserland*" genannt wird, so beinhalten doch beide Romane Figuren einer „Generation auf Sinnsuche" (Vilas-Boas 2007) und weisen zudem Züge des Problem- und auch des Jugend-Romans auf (Baßler 2002, S.114).

Christian Kracht mag mit verstörend lakonischem Gestus weltumspannende Vorstellungen mit banaler Dekadenz repräsentieren (Vgl.: Heidenreich 2001), doch ist genau dies dasjenige, was seine Kunst ausmacht, nämlich „die Zeitnähe seiner Erzählung mit einem Gefühl von existenzieller Verlassenheit" durch eine „prätentiös […] dunkle Dynamik" zu verbinden (Anonym: *Christian Kracht: Faserland.* 2002). Kracht mag in diesem Sinne zwar als „Vorbild für eine literarische Richtung" gelten, jedoch lässt er sich keineswegs in dieser verankern, sein Stil ist genauso wenig eindeutig wie seine kreierten Welten und Figuren (Wenzel 2011, S.42). Krachts Romane eröffnen dem Leser den schonungslosen Blick auf eine mögliche Welt (Vgl.: Weidermann 2013, S.127), geprägt durch „die Metaphorik von Oberfläche und Tiefe, Räumlichkeit und Zeitlichkeit, Aktion und Reaktion" (Hagestedt 2009, S.135).

Insgesamt wirken Krachts Fiktionen real, aber dennoch brüchig und fehlerhaft wie auch bei der Lektüre seiner Romane *Ich werde hier sein, im Sonnenschein und im Schatten*, *Imperium* oder seinem zusammen mit Ingo Niermann veröffentlichten Roman *Metan* deutlich wird, denn so detailliert geschildert das glückliche Leben innerhalb eines Gefangenenlagers (*1979*), die Verkehrung einer höher gestellten Instanz in Form eines Gases (*Metan*) oder eine Kolonie eines anthropophagen Kokovoren-Staates mit nationalsozialistischen Zügen (*Imperium*) auch ist, so sehr ist Krachts Werk zusätzlich auch geprägt von „Ungereimtheiten" und der scheinbaren „Auflösung der Grenzen zwischen Realität und Fiktion" und der „Verbindung popkuktureller, trivialer Symbole aus der massenmedial geprägten Wirklichkeit und hochkultureller Bezüge" (Rink 2012, S.96). Durch die dargestellten Thematiken und Motive und die vermeintlich scheiternde Sinnsuche am Ende (s.o.), könnte *Faserland* in diesem Sinne als eine Art dystopischer Bildungsroman mit popliterarischen Zügen innerhalb des übergreifenden Genres des Adoleszenz-Romans gesehen werden. Auch der Roman *1979*, der (vermutlich) zwar nicht mit dem Tod, aber dennoch in gewisser Weise „mit der Auslöschung des Protagonisten endet" – was sich im Verlauf des Romans als idealisiertes Ziel herauskristalisiert – trägt Züge eines „postmodernen Bildungsromans" mit einem im Grunde genommen „umgekehrten Bildungsprozess" (Vilas-Boas 2007).

Alles in allem sind *Faserland* und *1979*, im Grunde Krachts gesamtes Werk, irgendwo zwischen Dystopie (z.B. *Metan*) und Utopie (z.B. *Imperium*), Pop-Literatur, Bildungs- und Adoleszenz-Roman mit der Darstellung erschreckend latenter Melancholie (z.B. der Sonnenschein-Roman) und gleichzeitigem Desinteresse mit präziser Deskription von Nichtigkeit und Banalität, Verfall, Tod, Krankheit und Auslöschung in einem famosen Schreibstil zu verankern. Gespickt mit romantisch anmutenden und teilweise verstärkten Träumereien und einem Drängen seiner Figuren nach Freiheit und Sinnsuche schreibt Kracht alles und nichts, genrelos und zeitgleich in Vielem verankert.

Auch Herrndorf präsentiert in seinen Werken eine „Weltformel" (Küveler 2013) von Einsamkeit und Sehnsucht, dem zeitgleichen Verlieren in der Masse, zeitweisen Glücksphasen und einer über allem schwebenden Leere, die durch die Suche nach einem Sinn gefüllt zu werden verlangt (Vgl.: Bisky 2013). Herrndorfs Ton ist dabei ebenso wie der Krachts irgendwo zwischen realer Möglichkeit und Surrealität verankert, bedient kein Genre in vollem Umfang und trägt Züge des Pop, des Bildungsromans, der Jugendliteratur, des Entwicklungsromans usw. (Vgl.: Schneider 2007). Bei Herrndorf lässt sich „das Schöne im Hässlichen", das Explizite im Impliziten und das Besondere im Allgemeinen finden (Haffmans 2015).

In Plüschgewittern bedient das „Gattungsmuster der adoleszenztypischen Identitätsentwicklung" und der „Initiationsreise" des klassischen Bildungsromans (wie auch *Tschick*) und beinhaltet parallel „ästhetische Ideale […] und Idiosynkrasien" der Pop-Literatur (Born 2015, S.82-87). Unterstrichen wird dies durch den Tonus eines kulturell codierten Zynismus (Morgenroth 2015, S.42) und eine düstere Grundierung einer „autodestruktive[n] Ich-Erzähler"-Instanz, die „das souveräne Spiel mit der erzählten Welt erst möglich macht" (Schäfer 2015, S.156).

Am wohl schwierigsten zu verorten scheint der Sammelband *Diesseits des Van-Allen-Gürtels*, in welchem jede Kurzgeschichte ein anderes Genre zu bedienen scheint (Reiseroman = Kapitel eins und zwei, Bildungsroman = Kapitel 1, Pop = Kapitel vier und fünf, Adoleszenz-Roman = Kapitel fünf, etc.).

Alles in Allem wird jedoch deutlich, dass auch *In Plüschgewittern* und *Diesseits des Van-Allen-Gürtels* – eigentlich Herrndorfs Gesamtwerk – keine eindeutige Zuordnung erlangen, da man der Komplexität solch literarischer Meisterwerke nicht in Gänze gerecht werden könnte. Auch wenn der typische Pop der 90er Jahre im Grunde als beendet gilt, so greift Herrndorf – ob bewusst oder unbewusst – die Thematik derselbigen auf, ohne dabei in die Parodie oder die bloße Kopie etwas bereits Dagewesenen „abzurutschen".

Beide Autoren bedienen ein breites Spektrum und weisen auch Parallelen untereinander auf, doch könnte man auch nicht so weit gehen, zu sagen, dass sie „vom gleichen Schlag" seien, da ihre jeweilige sprachliche und literarische Komplexität kaum in Gänze zu fassen, geschweige denn einheitlich zu verorten ist. Fest steht jedoch, dass sowohl Kracht als auch Herrndorf Autoren zeitloser und hochkomplexer, mit Witz und Esprit aufwartender Klassiker der Gegenwartsliteratur sind.

7. Anhang

Abbildung 1 (eigene Darstellung)

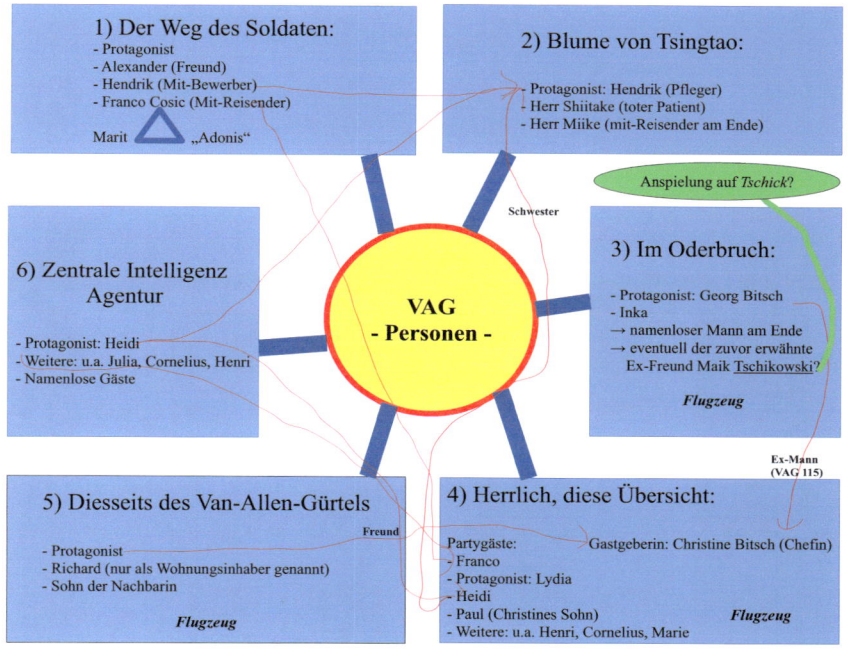

Abbildung 2 (eigene Darstellung)

VAG: Zeitstrahl:

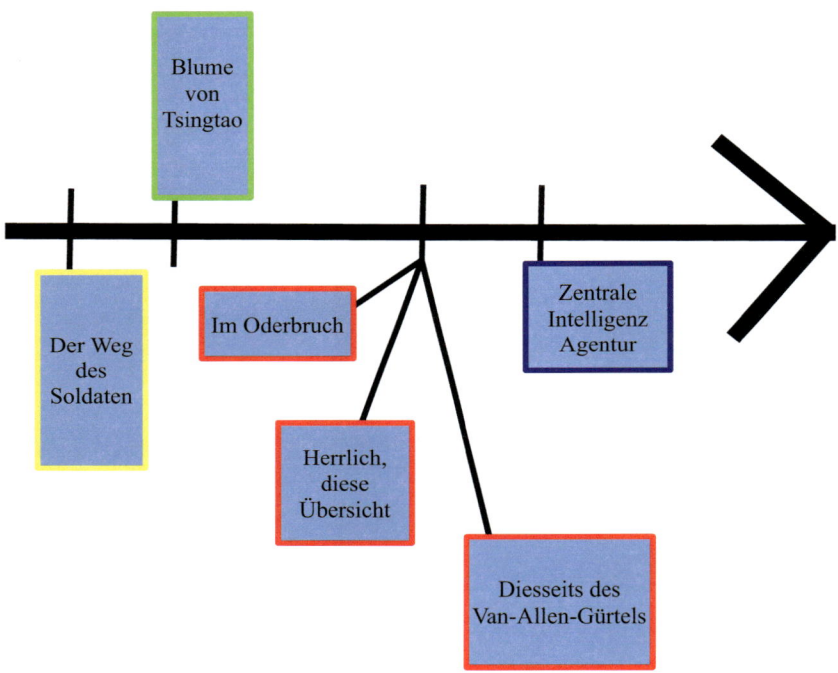

Legende:

- *Gelb*: Vergangenheit
- *Grün*: Vergangenheit, allerdings nach gelb
- *Rot*: Präsens
- *Blau*: Präsens, allerdings nach rot (Andeutungen der Figuren lassen vermuten
        ca. eine Woche)

Bibliographie

Primärliteratur:

1   Herrndorf, Wolfgang: *Diesseits des Van-Allen-Gürtels.* Reinbeck: Rowohlt-Taschenbuch Verlag, 2009.

2   Herrndorf, Wolfgang: *In Plüschgewittern.* Reinbeck: Rowohlt-Taschenbuch Verlag, 2012.

3   Kracht, Christina: *1979.* Frankfurt am Main: FISCHER Taschenbuch, 2010.

4   Kracht, Christian: *Faserland.* Frankfurt am Main: FISCHER Taschenbuch, 2015.

Weitere Werke Krachts und Herrndorfs (nicht Hauptgegenstand der Untersuchung):

5   Herrndorf, Wolfgang: *Tschick.* Berlin 2010.

6   Kracht, Christian: *Ich werde hier sein im Sonnenschein und im Schatten.* Köln 2008 (dtv Literatur 13892).

7   Kracht, Christian: *Imperium.* Köln: 2012.

8   Kracht, Christian/Niermann, Ingo: *Metan.* Berlin 2007.

Sekundärliteratur:

9   Baßler, Moritz: *Der deutsche Pop-Roman. Die neuen Archivisten.* München 2002. S.110-132.

10   Baßler, Moritz: *Nach den Medien. Wolfgang Herrndorfs Tschick zwischen Populärem Realismus und Pop.* In: Klappert, Annina (Hrsg.): *Wolfgang Herrndorf.* Weimar 2015. S.67-84.

11   Birgfeld, Johannes/Conter, Claude D.: *Christian Kracht – Leben und Werk. Eine Chronologie.* In: Ders. (Hrsg.): *Christian Kracht. Zu Leben und Werk.* Köln 2009. S.271-278.

12   Borgstedt, Thomas: *Pop-Männer. Provokation und Pose bei Christian Kracht und Michel Houellebecq.* In: Benthien, Claudia/Stephan, Inge (Hrsg.): *Männlichkeit als Maskerade. Kulturelle Inszenierungen vom Mittelalter bis zur Gegenwart.* Köln, Weimar, Wien 2003. S.221-245.

13   Born, *Stefan: Allgemeinliterarische Adoleszenzromane. Untersuchungen zu Herrndorf, Regener, Strunk, Kehlmann und anderen.* Heidelberg 2015. S.79-140.

14   Budde, Jürgen, Faulstich-Wieland/Hannelore: *Jungen zwischen Männlichkeit und Schule.* In: King, Vera/Flaake, Karin (Hrsg.): *Männliche Adoleszenz. Sozialisation und Bildungsprozesse zwischen Kindheit und Erwachsensein.* Frankfurt am Main 2005. S.37-49.

15   Degler, Frank: *Alltag und Zeitgeschichte im Funktions- und Speichergedächtnis.* In: Paulokat, Ute/Degler, Frank: *Neue Deutsche Popliteratur.* Paderborn 2008. S.63-73.

16   Degler, Frank: *Die tiefen Oberflächen: Irony is over – Bye, bye!* In: Paulokat, Ute/Degler, Frank: *Neue Deutsche Popliteratur.* Paderborn 2008. S.106-113.

17   Degler, Frank: *Gendertrouble: Männlichkeit, Weiblichkeit und das Dazwischen.* In: Paulokat, Ute/Degler, Frank: *Neue Deutsche Popliteratur.* Paderborn 2008. S.74-84.

18   Degler, Frank: *Intertextuelle Vorbilder: Die Klassiker im Populären.* In: Paulokat, Ute/Degler, Frank: *Neue Deutsche Popliteratur.* Paderborn 2008. S.85-96.

19   Degler, Frank: *Krankheit, Tod und die letzten Dinge.* In: Paulokat, Ute/Degler, Frank: *Neue Deutsche Popliteratur.* Paderborn 2008. S.97-105.

20   Diederichsen, Diedrich: *Pop – deskriptiv, normativ, emphatisch (1996).* In: Goer, Charis/Greif, Stefan/Jacke, Christoph (Hrsg.): *Texte zur Theorie des Pop.* Stuttgart 2013. S.182-195.

21   Diederichsen, Diedrich: *Ist was Pop? (1999).* In: Goer, Charis/Greif, Stefan/Jacke, Christoph (Hrsg.): *Texte zur Theorie des Pop.* Stuttgart 2013. S.242-258.

22   Eco, Umberto: *Gespräch mit Umberto Eco über die Theorie des Pop (1974).* In: Goer, Charis/Greif, Stefan/Jacke, Christoph (Hrsg.): *Texte zur Theorie des Pop.* Stuttgart 2013. S.110-124.

23   Fiske, John: *Populäre Texte, Sprache und Alltagskultur (1989).* In: Goer, Charis/Greif, Stefan/Jacke, Christoph (Hrsg.): *Texte zur Theorie des Pop.* Stuttgart 2013. S.166-181.

24   Frank, Caroline: *In Wallachei, Weltall und Wüste. Wolfgang Herrndorfs imaginative Geographien.* In: Klappert, Annina (Hrsg.): *Wolfgang Herrndorf.* Weimar 2015. S.165-180.

25   Frith, Simon: *Musik und Identität (1996).* In: Goer, Charis/Greif, Stefan/Jacke, Christoph (Hrsg.): *Texte zur Theorie des Pop.* Stuttgart 2013. S.196-219.

26   Gergen, Kenneth J.: *Erzählung, moralische Identität und historisches Bewußtsein. Eine sozialkonstruktionistische Darstellung.* In: Straub, Jürgen (Hrsg.): *Erzählung, Identität und historisches Bewußtsein. Die psychologische Konstruktion von Zeit und Geschichte. Erinnerung, Geschichte, Identität I.* Frankfurt am Main 1998. S.170-202.

27   Glawion, Sven/Nover, Immanuel: *Das leere Zentrum. Christian Krachts 'Literatur des Verschwindens'.* In: Tacke, Alexandra/Weyand, Björn (Hrsg.): *Depressive Dandys. Spielformen der Dekadenz in der Pop-Moderne.* Erschienen in der Reihe: Stephan, Inge/Weigel, Sigrid (Hrsg.): *Literatur – Kultur – Geschlecht. Studien zur Literatur- und Kulturgeschichte. Kleine Reihe Band 26.* Köln, Weimar, Wien 2009. S.101-120.

28   Goer, Charis/Greif, Stefan/Jacke, Christoph: *Einführung.* In: Goer, Charis/Greif, Stefan/Jacke, Christoph (Hrsg.): *Texte zur Theorie des Pop.* Stuttgart 2013. S.9ff.

29   Gratzke, Michael: *„Schwärzester Tag meines Lebens." Heterobeziehungen und Jugendfreundschaften bei Wolfgang Herrndorf.* In: Klappert, Annina (Hrsg.): *Wolfgang Herrndorf.* Weimar 2015. S.131-146.

30   Gutjahr, Ortrud: *Einführung in den Bildungsroman.* Darmstadt 2007. S.7-14, 40-50.

31   Hagestedt, Lutz: *Die absolute Freiheit und der Schrecken. Erinnerungskultur und Gegenwartsbezug bei Christian Kracht.* In: Birgfeld, Johannes/Conter, Claude D. (Hrsg.): *Christian Kracht. Zu Leben und Werk.* Köln 2009. S.131-149.

32   Hasbach, Claudia: *Christian Krachts Faserland im Kontext der neuen deutschen Popliteratur.* Magisterarbeit. Düsseldorf 2010. S.09f, 17-103.

33   Hecken, Thomas: *Pop. Geschichte eines Konzepts 1955-2009.* Bielefeld 2009. S.437-457.

34   Hinz, Ralf: *Pop-Diskurse. Zum Stellenwert von Cultural Studies, Pop-Theorie und Jugendforschung.* In: Hecken, Thomas (Hrgs.): *Schriften zur Popkultur Band 3.* Bochum 2009, S.93-113.

35   Imdahl, Max: *Probleme der Pop Art (1968)*. In: Goer, Charis/Greif, Stefan/Jacke, Christoph (Hrsg.): *Texte zur Theorie des Pop*. Stuttgart 2013. S.61-75.

36   Jahrhaus, Oliver: *Ästhetischer Fundamentalismus. Christian Krachts radikale Erzählexperimente*. In: Birgfeld, Johannes/Conter, Claude D. (Hrsg.): *Christian Kracht. Zu Leben und Werk*. Köln 2009. S.13-23.

37   King, Vera/Flaake, Karin: *Sozialisations- und Bildungsprozesse in der männlichen Adoleszenz: Einleitung*. In: King, Vera/Flaake, Karin (Hrsg.): *Männliche Adoleszenz. Sozialisation und Bildungsprozesse zwischen Kindheit und Erwachsensein*. Frankfurt am Main 2005. S.10-16.

38   Kohn, Lothar: *Entwicklungs- und Bildungsroman. Ein Forschungsbericht*. Stuttgart 1969. S.01-46.

39   Lettow, Fabian: *Der postmoderne Dandy – die Figur Christian Kracht zwischen ästhetischer Selbststilisierung und aufklärerischem Sendungsbewusstsein*. In: Köhnen, Ralph (Hrsg.): *Selbstpoetik 1800-2000. Ich-Identität als literarisches Zeichenrecycling*. Frankfurt am Main 2001. S.285-305.

40   Lützeler, Paul Michael: *Der Bürgerkrieg als Thema in Christian Krachts 1979*. In: Birgfeld, Johannes/Conter, Claude D. (Hrsg.): *Christian Kracht. Zu Leben und Werk*. Köln 2009. S.101-115.

41   Moenninghoff, Burkhard/von Bernstorff, Wiebke/Tholen, Toni (Hrsg.): Literatur und Reise. Hildesheim 2013. S.05f.

42   Morgenroth, Claas: *Wolfgang Herrndorf: In Plüschgewittern*. In: Klappert, Annina (Hrsg.): *Wolfgang Herrndorf*. Weimar 2015. S.35-48.

43   Obst, Helmut: *Der deutsche Pop-Roman und die Postmoderne seit 1990. Dargestellt an Erzählprosa von Christian Kracht, Benjamin von Stuckrad-Barre und Benjamin Lebert. Diplomarbeit.* Stuttgart 2002. S.08-23, 42.

44   Paulokat, Ute/Degler, Frank. *Neue Deutsche Popliteratur – Einleitung.* In: Paulokat, Ute/Degler, Frank: *Neue Deutsche Popliteratur.* Paderborn 2008. S.07-15.

45   Paulokat, Ute: *Arbeit am Archiv: Die Semantik von Marken und Medien.* In: Paulokat, Ute/Degler, Frank: *Neue Deutsche Popliteratur.* Paderborn 2008. S.25-33.

46   Paulokat, Ute: *Jugend und Generationskonflikte im >popmodernen< Adoleszenzroman.* In: Paulokat, Ute/Degler, Frank: *Neue Deutsche Popliteratur.* Paderborn 2008. S.43-52.

47   Paulokat, Ute: *Intermediale Inszenierungen: Autoren als Popstars.* In: Paulokat, Ute/Degler, Frank: *Neue Deutsche Popliteratur.* Paderborn 2008. S.15-24.

48   Pohl, Rolf: *Sexuelle Identitätskrise. Über Homosexualität, Homophobie und Weiblichkeitsabwehr bei männlichen Jugendlichen.* In: King, Vera/Flaake, Karin (Hrsg.): *Männliche Adoleszenz. Sozialisation und Bildungsprozesse zwischen Kindheit und Erwachsensein.* Frankfurt am Main 2005. S.249-252.

49   Rosenkranz, Karl: Ästhetik des Häßlichen. Stuttgart 2007. S.190-203, 272-280, 293-303.

50   Sahbi, Thabti: *Aufbruch und Wiederkehr – Studien und Interpretationen zum Reise-Motiv im zeitgenössischen Roman, dargestellt am Beispiel Wolfgang Koeppens, Alfred Anderschs und Max Frischs.* Dissertation zur Erlangung des Doktorgrades. Münster 1981. S.01-25.

51 Schäfer, Martin Jörg: *„So lässig wie möglich". Leichtigkeit, Epiphanien und Schwule in Herrndorfs Prosa.* In: Klappert, Annina (Hrsg.): *Wolfgang Herrndorf.* Weimar 2015. S.147-164.

52 Scholz, Leander: *Anmerkungen zu 1979.* In: Birgfeld, Johannes/Conter, Claude D. (Hrsg.): *Christian Kracht. Zu Leben und Werk.* Köln 2009. S.92-101.

53 Schumacher, Eckhard: *Omnipräsentes Verschwinden. Christian Kracht im Netz.* In: Birgfeld, Johannes/Conter, Claude D. (Hrsg.): *Christian Kracht. Zu Leben und Werk.* Köln 2009. S.187-203.

54 Schumann, Andreas: >>*das ist schon ziemlich charmant*<<. *Christian Krachts Werke im literarhistorischen Geflecht der Gegenwart.* In: Birgfeld, Johannes/Conter, Claude D. (Hrsg.): *Christian Kracht. Zu Leben und Werk.* Köln 2009. S.150-164.

55 Seiler, Sascha: >>*Das einfache wahre Abschreiben der Welt*<< *Pop-Diskurse in der deutschen Literatur nach 1960.* In: Barner, Wilfried/Cherubim, Dieter/Detering, Heinrich/Grubmüller, Klaus/Honemann, Volker/Lamping, Dieter/Paul, Fritz/Turk, Horst (Hrsg.): *PALAESTRA. Untersuchungen aus der deutschen und skandinavischen Philologie.* Begründet von Erich Schmidt und Alois Brandl. Band 324. Göttingen 2006. S.26-31, 274-291, 321-325.

56 Selbmann, Rolf: Der deutsche Bildungsroman. Stuttgart/Weimar 1994. S.01-33.

57 Setz, Clemens J.: *Ein Meister der Schwerelosigkeit. Lobrede auf Christian Kracht.* In: Winkels, Hubert: *Christian Kracht trifft Wilhelm Raabe. Die Diskussion um 'Imperium' und der Wilhelm-Raabe Literaturpreis 2012 (edition suhrkamp).* Berlin 2013. S.150-157.

58   Straub, Jürgen: *Identität*. In: Jaeger, Friedrich/Liebsch, Burkhard (Hrsg.): *Handbuch der Kulturwissenschaften. Grundlagen und Schlüsselbegriffe. Band 1.* Stuttgart 2011. S.277-301.

59   Straub, Jürgen/Weidemann, Doris: *Handelnde Subjekte. >>Subjektive Theorien<< als Gegenstand der verstehend-erklärenden Psychologie.* Gießen 2015. S.29-37, 109-114.

60   Tiefenbacher, Herbert: *Textstrukturen des Entwicklungs- und Bildungsromans. Zur Handlungs- und Erzählstruktur ausgewählter Romane zwischen Naturalismus und Erstem Weltkrieg.* Königstein 1982. S.12-16, 227-239.

61   Tschirner, Susanne: *Der Fantasy-Bildungsroman.* Studien zur Phantastischen Literatur Band 9. Meitingen 1989. S.47-70, 92-97, 131-136, 176-184.

62   Weidermann, Volker: *Notizen zu Kracht. Was er will.* In: Winkels, Hubert: *Christian Kracht trifft Wilhelm Raabe. Die Diskussion um 'Imperium' und der Wilhelm-Raabe Literaturpreis 2012 (edition suhrkamp).* Berlin 2013. S.121-128.

63   Wenzel, Edgar Armin: *Der deutsche Poproman zur Jahrtausendwende.* Diplomarbeit. Wien 2011. S.11-18, 20-45.

64   Winter, Reinhard/Neubauer, Gunter: *Körper, Männlichkeit und Sexualität. Männliche Jugendliche machen >>ihre<< Adoleszenz.* In: King, Vera/Flaake, Karin (Hrsg.): *Männliche Adoleszenz. Sozialisation und Bildungsprozesse zwischen Kindheit und Erwachsensein.* Frankfurt am Main 2005. S.207-209.

65   Zubarik, Sabine: *Der Erzählband Diesseits des Van-Allen-Gürtels als intertextuelles Gefüge. Über Kontingenz, Teilhaftigkeit und Synchronisation.* In: Klappert, Annina (Hrsg.): *Wolfgang Herrndorf.* Weimar 2015. S.49-66.

Online-Quellen:

66   Anonym: *Christian Kracht: Faserland.* Feuilleton der FRANKFURTER ALLGEMEINEN Online. Frankfurt am Main 2002. <www.faz.net/aktuell/feuilleton/buecher/rezensionen/belletristik/rezensionen-belletristik-christian-kracht-faserland-152146.html> [Letzter Aufruf: 16.04.2016].

67   Anonym: *Wolfgang Herrndorf. In Plüschgewittern.* Der TAGESSPIEGEL Online. Berlin 2008. <http://www.tagesspiegel.de/wolfgang-herrndorf-in-plueschgewittern/1005806.html> [Letzter Aufruf: 01.05.2016].

68   Bisky, Jens: *Er liebte es kalt und komisch.* SÜDDEUTSCHE Online. Berlin 2013. <http://www.sueddeutsche.de/kultur/zum-tod-von-wolfgang-herrndorf-er-liebte-es-kalt-und-komisch-1.1756188> [Letzter Aufruf: 01.05.2016].

69   Cosentino, Christine: *Das Reisemotiv als Spiegel der Identitätsstabilisierung in der ostdeutschen Literatur am Ende der neunziger Jahre.* New Jersey 1999. S.01-10 <http://newprairiepress.org/cgi/viewcontent.cgi?article=1962&context=gdr> [Letzter Aufruf: 02.05.2016].

70   Deutscher Jugendliteratur-Preis 2015: *Tschick.* Ausgerichtet vom Arbeitskreis für Jugendliteratur e.V. <http://www.djlp.jugendliteratur.org/jugendbuch-3/artikel-tschick-129.html> [Letzter Aufruf: 01.05.2016].

71   Fisch, Michael: *Reisen in der Literatur.* Berliner LeseZeichen. Luisenstadt 2001. <http://www.luise-berlin.de/lesezei/blz01_04/text01.htm> [Letzter Aufruf: 02.05.2016].

72   Gansel, Carsten: *Adoleszenz, Ritual und Inszenierung in der Pop-Literatur.* In: Arnold, Heinz Ludwig (Hrsg.): *Text + Kritik. Zeitschrift für Literatur. Pop-Literatur Sonderband.* München 2003. S.234-257. <http://www.carsten-gansel.de/fileadmin/mediapool/pdf/publikationen/verzeichnis_27.pdf> [Letzter Aufruf: 02.05.2016].

73   Grabienski, Olaf: *Christian Krachts FASERLAND. Eine Besichtigung des Romans und seiner Rezeption.* Hamburg 2011. S.03-34 <http://www.olafski.de/sites/default/files/download/kracht_faserland_rezeption_analyse.pdf> [Letzter Aufruf: 02.05.2016].

74   Haffmans, Gerd: *Der Meister aller Meister.* derFreitag Online. Berlin 2015. <https://www.freitag.de/autoren/der-freitag/der-meister-aller-meister> [Letzter Aufruf: 13.05.2016].

75   Heidenreich, Elke: *Nichts wird je wieder gut.* SPIEGEL Online. Hamburg 2001. <www.spiegel.de/spiegel/print/d-20289393.html> [Letzter Aufruf: 16.04.2016].

76   Hennig, Silke: *„Die Moderne ist nicht meins".* rbb-online.de. Berlin 2015. <http://www.rbb-online.de/kultur/beitrag/2015/06/wolfgang-herrndorf-im-literaturhaus-berlin.html> [Letzter Aufruf: 15.04.2016].

77   Höbel, Wolfgang: *Nachruf. „Ich bin bereit". Zum Tode des „Tschick"-Autors Wolfgang Herrndorf.* SPIEGEL Online. Hamburg 2013. <http://www.spiegel.de/spiegel/print/d-110118111.html> [Letzter Aufruf: 26.04.2016].

78   Kendel, Konstanze Maria: *Let me entertain you! Die Inszenierung der Popliteratur im Literaturbetrieb der Gegenwart.* Bremen 2005. S.31-39, 61-72. <http://www.deutschlandstudien.uni-bremen.de/wp-content/uploads/2011/05/Kendel_KWD_17.pdf> [Letzter Aufruf: 15.04.2016].

79   Küveler, Jan: *Die Weltformel ist endlich in Sicht.* DIE WELT Online. Berlin 2013. <http://www.welt.de/kultur/literarischewelt/article122519349/Die-Weltformel-ist-endlich-in-Sicht.html> [Letzter Aufruf: 02.05.2016].

80   Laage, Philipp: *Die Schönheit des Schrecklichen bei Christian Kracht.* NEUE GEGENWART Online. Bielefeld 2009. <http://www.neuegegenwart.de/ausgabe58/kracht.htm> [Letzter Aufruf: 02.05.2016].

81   Lüdke, Martin: *Gute Stimmung trotz trüber Aussichten.* Deutschlandfunk. Köln 2007. <http://www.deutschlandradio.de/impressum.223.de.html> [Letzter Aufruf: 01.05.2016].

82   Poschardt, Ulf: *Kracht – „Wer sonst soll die Welt verbessern?"* DIE WELT Online. Berlin 2009. <http://www.welt.de/kultur/literarischewelt/article4139780/Kracht-Wer-sonst-soll-die-Welt-verbessern.html> [Letzter Aufruf: 16.04.2016].

83   Prüfer, Tillmann: *Die Kunst des Wolfgang Herrndorf.* Die ZEIT Online. Hamburg 2015. <http://www.zeit.de/zeit-magazin/2015/21/wolfgang-herrndorf-schriftsteller-und-maler> [Letzter Aufruf 02.05.2016].

84   Radisch, Iris: *Und Engel gibt es doch.* DIE ZEIT Online. Hamburg 2014. <http://www.zeit.de/2014/39/wolfgang-herrndorf-roman>. [Letzter Aufruf: 02.05.2016].

85   Rink, Christian: *Von Christian Kracht bis Günter Grass. Die Kritik am negativen Gedächtnis und der Wandel in der deutschen Erinnerungskultur.* Vaasa (Finnland) 2012. S.01-10, 17f, 80-100. <http://www.uva.fi/materiaali/pdf/isbn_978-952-476-388-2.pdf> [Letzter Aufruf: 16.04.2016].

86   Schmitt, Oliver Maria: *Was mich interessiert, kann ich nicht malen.* DIE ZEIT Online. Hamburg 2015. <http://www.zeit.de/2015/24/wolfgang-herrndorf-tod-titanic-satire> [Letzter Aufruf: 02.05.2016].

87   Schneider, Wolfgang: *Surreales zwischen China und Oderbruch.* Deutschlandradio Kultur. Köln 2007. <http://www.deutschlandradiokultur.de/surreales-zwischen-china-und-oderbruch.950.de.html?dram:article_id=134879> [Letzter Aufruf: 01.05.2016].

88   Spiegel, Hubert: *Wir sehen uns mit Augen, die nicht die unseren sind. Christian kracht: 1979.* Feuilleton der FRANKFURTER ALLGEMEINEN Online. Frankfurt am Main 2001. <http://www.faz.net/aktuell/feuilleton/buecher/rezensionen/belletristik/christian-kracht-1979-wir-sehen-uns-mit-augen-die-nicht-die-unseren-sind-142299.html> [Letzter Aufruf: 16.04.2016].

89   Spoden, Celia: *Narrative Identitätskonstruktion – Ein Beispiel aus Okinawa.* Düsseldorf 2006. S. 193-198 <http://www.jdzb.de/fileadmin/Redaktion/PDF/veroeffentlichungen/tagungsbaen de/D58/26-pdf-p1227%20spoden.pdf> [letzter Aufruf: 02.05.2016].

90   Stemmer, Nikolaus/Reiber, Cornelius: *Pathos, Pop und Dekadenz. Christian Kracht: 1979.* Fluter.de. Bonn 2001. <http://www.fluter.de/de/zukunft/lesen/131/> [Letzter Aufruf: 16.04.2016].

91   Straub, Jürgen: *Identität und Sinnbildung. Ein Beitrag aus der Sicht einer handlungs- und erzähltheoretisch orientierten Sozialpsychologie.* Bielefeld 1994. S.01-31 <https://www.uni-bielefeld.de/ZIF/Publikationen/Jahresberichte/1994-Straub.pdf> [Letzter Aufruf: 02.05.2016].

92   Straub, Jürgen: *Identitätstheorie, empirische Identitätsforschung und die „postmoderne" armchair psychology.* In: Zeitschrift für qualitative Bildungs-, Beratungs- und Sozialforschung 1/2000. S.167-189 <http://www.ssoar.info/ssoar/handle/document/28075> [Letzter Aufruf: 27.04.2016].

93   Vilas-Boas, Gonçalo: *Krachts 1979: ein Roman der Entmythisierungen.* In: Platen, E./Todtenhaupt, M. (Hrsg.): *Mythisierunge, Entmythisierungen, Remythisierungen. Zur Darstellung von Zeitgeschichte in deutschsprachiger Gegenwartsliteratur.* München 2007. <http://www.christiankracht.com/sites/default/files/sites/default/files/pdf/goncalo.pdf> [Letzter Aufruf: 16.04.2016].